Stefanie Bisping

Lesereise Malediven

Der Trompetenfisch in der Lagune

Picus Verlag Wien

Für Julius

Grafische Gestaltung: Dorothea Löcker, Wien
Umschlagabbildung: © Angelo Cavalli / www.buenosdias.at
Druck und Verarbeitung:
Druckerei Theiss GmbH, St. Stefan im Lavanttal
ISBN 978-3-7117-1001-7

Informationen über das aktuelle Programm
des Picus Verlags und Veranstaltungen unter
www.picus.at

Inhalt

Ringe im Wasser

Schon der Anflug auf die Malediven ist ein Erlebnis. Aber wo kann man hier eigentlich landen?

Die Flugbegleiter haben die Fensterklappen hochgerissen, ein Frühstück serviert, das mitten in der Nacht nicht wirklich in den Magen passen will, und die halb geleerten Tabletts wieder eingesammelt. Die Füße finden keinen bequemen Platz unterm Sitz des Vordermanns, der Kopf weiß nicht, in welche Richtung er noch sacken kann. Es ist einer der Momente, in denen man sich fragt, welche Torheit einen für zehn Stunden in die Kabine eines Flugzeugs locken konnte. Müsste man nicht längst gelernt haben, die Exotik im Vertrauten zu suchen, Urlaub daheim zu machen? Die Augen schauen lustlos nach draußen. Und bringen den Rest des Körpers schnell in Arbeitsmodus. Da unten schimmern dunkle Ringe unter der Wasseroberfläche des Ozeans. Einige ragen zum Teil aus dem Wasser und bilden weiße, längliche Inseln. Zwischen den kreisförmigen Riffen liegen kleine Flecken Land im Meer. Als das Flugzeug sich leicht zur Seite neigt, ist zu erkennen, dass Ringe und Inseln nebeneinander aufgereiht ein großes Ganzes bilden: ein Atoll aus Miniatur-Atollen. Kameras klicken. Ansonsten ist es ruhig an Bord. Es liegt nicht allein an der allgemeinen Übernächtigung.

Die Crew bereitet die Landung vor. Tische klappen hoch, Fußstützen weg, Lehnen rücken in senkrechte Position. Unten glitzert das Meer im Sonnenlicht, weiter weg liegen ein paar Inselchen. Nun ist das Wasser ziemlich nahe. Das wirft Fragen auf. Zum Beispiel: Wo soll man hier eigentlich landen?

Doch der Pilot ist die Sache geschickt angegangen: Vor der Maschine erstreckt sich die Landebahn der Flughafeninsel. Die ist künstlich aufgeschüttet und entsprechend ökonomisch konzipiert: links Meer, rechts Meer, in der Mitte ein Streifen Beton. Hier starten und landen die Maschinen aus Übersee, eine nach der anderen.

Auch nach der geglückten Landung ist alles anders als in Cancun, Tampa oder Goa. Sitzt der Stempel im Pass und der Koffer auf dem Gepäckwagen, treten die Urlauber nicht ins Terminal, sondern gleich nach draußen. Dort will sie die tropische Hitze trotz des Schatten spendenden Daches aus ihren europäischen Winteroutfits schlagen (eine Erfahrung, die einigen Reisenden die Idee eingeben wird, den Rückflug in den Frankfurter Februarabend zwei Wochen später in Shorts und Flipflops anzutreten). Hinter dem Geländer stehen die Repräsentanten von Reiseveranstaltern und Hotels. Einige unterhalten eigene kleine Buden, an denen sie ihre Gäste erwarten.

Hinter den Buden liegen ein Sträßchen – die Zufahrt zum Wasserflughafen – und das Meer. Wo in anderen Urlaubsregionen Busse aufgereiht stehen, liegt hier eine blitzweiße Motorjacht neben der anderen. An jedem Anleger prangt der Name eines Resorts. Die Neuankömmlinge schwanken über Stege und sinken in die Sitze. Das Wasser ist klar und leuchtet, als würde hier gerade ein Werbespot für Rum-Cocktails gedreht. Die Urlauber blinzeln ein wenig ungläubig und suchen nach Hüten und Sonnenbrillen. Dicke Strümpfe werden abgestreift und verschwinden in Handtaschen. Schau mal, Helmut, die bunten Fische! Koffer werden verstaut, kaltes Wasser gereicht. Der Motor springt an, das Boot nimmt Fahrt auf. Willkommen im Paradies.

Sternenglanz und weißer Sand

Was macht man eine Woche lang auf einer Insel, die kaum größer ist als ein Fußballfeld? Die Antwort ist einfach: Man ist glücklich

Der erste Tag: Schuhe aus

Die Motoren des kleinen Wasserflugzeugs dröhnen. Unten leuchten helle Kreise und winzige Inseln im tiefblauen Wasser. Einige sind üppig grün bewachsen und von weißem Sand gesäumt, andere kaum mehr als schmale Sandbänke im Meer. Barfuß und in Shorts steuern Pilot und Kopilot die Maschine. Hinter ihnen sitzen die Gäste: blasse, müde Ankömmlinge aus Europa in zu warmer Kleidung und allzu schweren Schuhen.

Sanft setzt das Flugzeug auf dem Wasser auf. Wir stolpern hinaus aufs Landungsfloß und weiter ins traditionelle *Dhoni*-Boot. Freundliche Menschen reichen duftende, kalte Tücher. Minuten später erreichen wir den Landungssteg von Dhuni Kolhu, einer halbmondförmigen Insel im Baa-Atoll. Zur Begrüßung spielt eine Combo. Ein Pfad aus weißem Sand führt durch den Dschungel des Inselinneren zu unserem Häuschen, das zwischen tropischen Büschen und Kokospalmen am Strand liegt. Es besitzt keinen Fernseher und keine Musikanlage. Dafür befindet sich das ummauerte Bad unter freiem Himmel. Wir streifen die Schuhe ab und werfen sie in den Schrank. Eine Woche lang werden wir sie nicht brauchen. Hier gibt es keinen Asphalt, der unter den Füßen heiß werden, und keinen Anlass, der elegantes oder auch nur rustikales Schuhwerk erfordern könnte. Vor dem Restaurant, vor der Lobby und vor dem Spa stehen Wasserfässer mit großen Kellen darin. Dort spült man sich den Sand von den Füßen. Auf den Malediven geht man barfuß durchs Leben. Die Zehen strecken sich und graben sich in kühlen, weichen Sand.

Der zweite Tag: Flossen an

Barfuß erscheinen wir anderntags zum Frühstück unter Palmen. Am Abend zuvor haben wir unsere Ohren auf die Klangkulisse der Inselwelt umgestellt: keine Motorengeräusche, keine Musik. Nicht mal eine Brise, die Palmwedel rascheln lässt. Sogar das Meer plätscherte nur leise in der Lagune. Nun essen wir Omelettes mit Chili, probieren ein wenig Curry dazu und versuchen, die aus Europa eingeschleppte Hektik loszuwerden. Also: Nicht gleich loslegen mit Yoga am Strand und ähnlichem Aktionismus. Sondern auf die Landschaft konzentrieren. Die besteht hier in erster Linie aus Wasser. Auch wenn die Malediven aus tausendeinhundertneunundneunzig Inseln bestehen, öffnet sich der Blick vor allem auf unendliches Meer. Hier und da liegen kleine Inseln in Sichtweite. Das reduzierte Panorama aus klarem Wasser, weißem Sand und grünem Wald bedient alle Wunschträume wintermüder Europäer. Den Reichtum der hiesigen Natur entdeckt man dennoch erst unter Wasser. Schon der Schnorcheltrip am Hausriff, keine zwanzig Meter vom Ufer entfernt, offenbart die Vielfalt dieser Unterwasserwelt. Leuchtend blaue und gelbe Doktor- und Blaukopfkaiserfische, schillernd bunte Papageienfische, gelb-schwarze Halfterfische mit großen Kussmündern – stundenlang könnten wir flach auf dem Wasser liegen und der maledivischen Fauna beim Korallenknabbern zuschauen. Dass auch zwei Bierdosen und eine leere Champagnerflasche auf dem Meeresboden liegen, befördert allerdings unschöne Überlegungen über die schädlichen Auswirkungen des Tourismus. Die Malediver trinken als gefestigte Muslime keinen Alkohol und kommen für solche Untaten als Verdächtige kaum in Frage. Außerdem gibt es Resorts ohnehin nur auf den von Einheimischen unbewohnten Inseln. Es muss einer von uns gewesen sein.

Auf dem Rückweg, kurz vorm Strand, schwimmt ein schnellerer Fisch ins Bild: ein kleiner Hai. Der Anblick seiner charakteristischen Silhouette beschleunigt sofort den Puls und motiviert zu recht sportlichen Flossenschlägen in Richtung Ufer. Überall ist von der Harmlosigkeit der Riffhaie zu hören und zu lesen, doch die unmittelbare Begegnung macht sofort hellwach. »Die Babyhaie kommen gerne nahe an den Strand«, erklärt später der Barkeeper aus Sri Lanka. Kein Grund zur Beunruhigung, meint er: Die Jungtiere haben noch keine Zähne.

Der dritte Tag: Ein Bad in Zitronengras

Am Abend zuvor hatte Mr. Maumoon, der Hausherr, zu einem Begüßungscocktail geladen. Maumoon stammt wie knapp die Hälfte der Beschäftigten des Resorts, das einer einheimischen Familie gehört, von den Malediven. Zum Cocktail waren indessen auch zwei Kolleginnen aus Bali geladen: Therapeutinnen aus dem Spa, die mit Fünf-Minuten-Massagen für ihre Kunst warben. So überzeugend, dass eine sofortige Terminvereinbarung zwingend erschien. Wer angesichts der Übersichtlichkeit des Inseluniversums gelegentlich überlegen muss, wo er sich nochmal befindet, erkennt wenigstens im Spa sofort: Dies muss Asien sein. Der intensive Duft nach Zitronengras lässt keinen Zweifel zu. Eine Packung aus Limette und Kokosnussöl pflegt den Körper, bevor die Therapeutin mit einer balinesischen Massage die letzten Erinnerungen an den zehnstündigen Flug aus dem Bewegungsapparat knetet. Herrlich.

Der vierte Tag: Schildkröten und Flughunde

Aufregung beim Frühstück: In der Nacht sind achtzig Meeresschildkröten geschlüpft. Weil die Tiere gefährdet sind – durch Leute wie uns, die ihren Strand besetzen, und durch Einheimische, die zumindest in der Vergangenheit, als dies noch nicht verboten war, ihre Eier aßen und aus ihren Panzern Gegenstände fertigten –, werden die Schildkröteneier auf Dhuni Kolhu sorgsam bewacht und eingezäunt. Nun purzeln in dem kleinen Stall am Strand

Dutzende knapp handtellergroße Schildkröten umher. Nach drei bis vier Monaten sind sie zu groß, um Fischen zum Opfer zu fallen, und werden in die Freiheit entlassen.

Auch wenn die Insel klein ist und die Natur sich an Land erheblich artenärmer präsentiert als unter Wasser, bietet sie immer neue Spektakel. Am Nachmittag erwachen die Flughunde, um im Wald nach Früchten zu suchen. Wie riesige Fledermäuse segeln sie am blauen Himmel, um sich dann wieder dekorativ kopfüber in einen Banyanbaum oder in eine Palme zu hängen. Auf dem Weg zum Restaurant weichen wir kreuzenden Krebsen auf den Wegen aus, beim Duschen beobachten uns kleine Geckos. Als wir am Abend auf der Terrasse den von funkelnden Sternen übersäten Himmel auf Sternschnuppen untersuchen, vibriert der Dschungel vor Leben und Geräuschen: Zeternde Flughunde balgen sich in den Bäumen, Nachtvögel schreien.

Der fünfte Tag: Robinsonade

Drei, vier Mal sind heute schon Menschen an unserem Strand entlanggegangen. Es wird langsam ein bisschen voll. Zeit also, die einsame Insel gegen eine noch einsamere zu tauschen. Virgin Island wird sie passenderweise genannt, was auf jeden Fall leichter auszusprechen ist als ihr tatsächlicher Name: Medhufinolhu. Eigentlich besteht sie sogar aus zwei Inseln, die durch eine leuchtend weiße Sandbank miteinander verbunden sind. Hier sind wir tatsächlich die einzigen Menschen – neben unserer Crew. Außer dem Puderzuckerstrand besitzt die jungfräuliche Insel eine türkisfarbene Lagune und ein grandioses Hausriff. Perfekte Bedingungen also zur Fischbeobachtung. Das Wasser ist so klar, dass man schon vom Strand aus die Meeresfauna anschauen kann. Angesichts dieser Kulisse ist es schwer, nicht reflexartig an Paradies und Postkarten zu denken. Und sich nicht gleich auch Sorgen zu machen: dass dieses – nun ja, dieses Paradies – womöglich der Erderwärmung und steigenden Meeresspiegeln zum Opfer fallen könnte. Auch wenn Präsident Mohamed Nasheed sich einen Ruf als Held des Klimaschutzes erkämpft hat, kann man sich schwerlich darauf verlassen, dass der seine Inseln im Alleingang rettet. Den größten Dienst erwiese man den Inseln gewiss, wenn man zu Hause bliebe …

Der sechste Tag: Landeskunde

Schon seit Tagen beobachten wir, dass auf der bewohnten Insel gegenüber abends zahlreiche Lichter in der Größe von Straßenlaternen angehen. Was mag da los sein? Hithadhoo, so heißt das Eiland, ist mit tausendeinhundertachtundzwanzig Einwohnern für die hiesigen Verhältnisse zwar nicht gerade klein. Hell erleuchtete Straßen scheinen angesichts von in der Regel fast vollständiger Abwesenheit von Fahrzeugen dennoch unnötig. Wir wollen nachsehen und setzen mit dem *Dhoni* über. Eine halbe Stunde dauert die Fahrt, weil das

Boot streckenweise in Zeitlupentempo zwischen flachen Korallenbänke hindurchgesteuert werden muss. Dann sind wir da: auf einer Insel, von deren Bewohnern drei Viertel von der Fischerei leben. Allerdings wird heute nicht mehr für den eigenen Bedarf gefischt, sondern der Fang nach Malé verkauft. Breite Straßen durchziehen die Insel, doch gibt es auch hier keinen Asphalt. Feiner Sand bedeckt die Straßen, an ihren Seiten stehen Stühle, die aus einem Blechgestell mit einem Netz darin bestehen – Hängematten zum Sitzen. Das Leben scheint ruhig zu verlaufen. Die Menschen flanieren – es gibt nur zwei Autos auf der Insel – oder sitzen in den Stühlen vor ihren Häusern, um die Flanierenden zu beobachten und zu begrüßen. Auf einem Feld wird Fußball gespielt. Es gibt einen Kindergarten, eine Schule, eine Krankenstation, zwei Moscheen und ein Café. Im Kindergarten gibt es irritierenderweise einen Sandkasten, aber auch die inseltypischen Hängestühle im Miniaturformat. In der Schule ist Fischerei ein Wahlfach. Tatsächlich erlernen heute viele junge Leute das Fischen nicht mehr selbstverständlich von ihren Eltern. Die Arbeit auf den Resort-Inseln ist für viele erstrebenswerter. Allein durch Trinkgelder nehmen die Beschäftigten dort ein Vielfaches von dem ein, was der Verkauf von Thunfisch in der Hauptstadt einbringt.

Der siebente Tag: Lichttherapie

Der letzte Tag gehört noch einmal Sonne, Meer – und dem Abschied, der uns nun bereits vorkommt wie die Vertreibung aus dem Paradies. Unser Strandnachbar Andrew kommt auf dem Weg zum Schnorcheln vorbei und zeigt uns die Fotos, die er gestern am Riffrand von einem gewaltigen Manta gemacht hat. Wir schauen selbst noch einmal am Hausriff nach dem Rechten. Heute sind keine Haie unterwegs, dafür sehe ich einen kleinen Rochen, viele Seesterne und Schwärme leuchtend bunter Fische. Ich liege auf dem Wasser, lasse mich treiben und höre den Fischen beim Korallenknabbern zu. Irgendwann später müssen wir packen, Trinkgelder disponieren und die Schuhe für die Abreise aus dem Schrank holen. Und nachdenken. Natürlich ist es überhaupt kein Problem, eine Woche auf einer Insel zu verbringen, die man zu Fuß in einer knappen halben Stunde umrunden kann. Schwierig ist eigentlich nur, sich nach einer Woche wieder loszureißen.

Doppelleben im Inselreich

Hinter der Fototapete geht es weiter: Wie sich eine Nation eine zweite Identität zulegte, um sie selbst zu bleiben – und dennoch in einen Zeitbeschleuniger geriet

Die Malediven gibt es zweimal. Mindestens. Einmal über und einmal unter Wasser. Einmal als echtes Land, das Botschaften und Konsulate in der Welt verteilt und Mitglied der Vereinten Nationen sowie mehr als sechzig weiterer internationaler Organisationen ist. Ein Land, in dem gerade mal dreihundertfünfundneunzigtausend Menschen leben, auf bescheidenen dreihundert Quadratkilometern Land (und hundertfünfzehntausend Quadratkilometern Wasser). Ein Land, das die Vereinten Nationen bis zum 20. Dezember 2004 zu den ärmsten Staaten der Welt zählte. Dann wurden die Malediven von der Liste gestrichen – weil sie, dem Tourismus sei Dank, einen großen Teil ihrer Auslandsschulden getilgt hatten.

Und dann gibt es die Malediven noch einmal als begehbare Fototapete: auf den knapp über hundert Resort-Inseln, wo die Urlauber leben. In meist luxuriösen Strandbungalows und Wasservillen, mit glasklarem Wasser zum Planschen und weichem Sand für die viel zu lange schon eingesperrten Füße, fühlen sie sich keine zwei Meter über dem Meeresspiegel dem Himmel sehr nahe.

In dieser Fototapete fließen außer Milch und Honig gegen Aufpreis auch Champagner und Wein. Würzige Currys und exotische Früchte verstärken den Eindruck, in einem Tropenparadies gelandet zu sein. Das Ganze ist zu gut, um anzudauern, weshalb eine Verlängerung dieses Ausnahmezustands nur unter bürokratischen Mühen möglich ist. Sie muss in der Hauptstadt beantragt und von einem Resort befürwortet werden. Für alle, die diese Mühe nicht auf sich nehmen können oder wollen, ist das Leben in der Fototapete spätestens nach einem Monat vorbei. Dann ist das Touristenvisum abgelaufen.

Mit dem Leben der Malediver hat all das nur sehr wenig zu tun. Knapp die Hälfte von ihnen ist in der Hauptstadt Malé zu Hause, die andere Hälfte in kleinen dörflichen Gemeinschaften auf entlegenen Inseln. Auch diese beiden Lebensentwürfe könnten unterschiedlicher kaum sein: Die einen leben in einer der am dichtesten besiedelten Städte der Welt zwischen Häuserschluchten, die anderen verbringen in Familienverbänden und über Jahrzehnte gewachsenen sozialen Bindungen jeden Tag ihres Lebens in derselben Handvoll Straßen zwischen zwei Stränden. Dass diese traditionelle Dorfgemeinschaft überhaupt noch existiert, ist zumindest zum Teil der Politik der Trennung von Tourismus und wahrem Leben geschuldet.

Maumoon Abdul Gayoom, der im November 1978 im Alter von einundvierzig Jahren Präsident der Malediven wurde, hatte seinen Inseln einerseits den Weg ins Geschäft mit den Postkartenträumen geebnet, andererseits aber eine strikte Trennung beider Welten verfügt. Die ersten Besucher kamen indessen bereits vor Beginn seiner Amtszeit, die sich befremdlich lang bis ins nächste Jahrtausend erstrecken sollte.

Im Oktober 1972 eröffnete das erste Resort der Malediven im Nord-Malé-Atoll. Im Lauf der siebziger Jahre kam jedes Jahr nur eine Handvoll neuer Resorts dazu. Dann ging die Erschließung zügiger voran. Heute ist der Tourismus der wichtigste Wirtschaftsfaktor des Landes, doch unterliegt er einem umfassenden Regelwerk.

Ganz wichtig dabei: Die Hotel-Insel muss von Einheimischen unbewohnt sein. So hatte es einstmals der Diktator verfügt. Ausnahmen waren dabei seit jeher Malé und die ganz im Süden gelegene Insel Gan, wo Ausländer – im ersten Fall vor allem Geschäftsreisende, im zweiten Leute, die mit den britischen Streitkräften zu tun hatten – schon seit Langem nächtigen dürfen. Fährverbindungen zu bewohnten Inseln existierten bis vor Kurzem überhaupt nicht (und entstehen auch jetzt erst langsam). Ein Urlauber hätte unter diesen Umständen schon ziemlich neugierig sein müssen, wenn er nötigenfalls auch geschwommen wäre, um zu erfahren, wie die Menschen auf der nächsten Insel hinter der Fototapete leben. Einzige Alternative waren organisierte Ausflüge zu ausgewählten bewohnten Inseln, die höchstens einen halben Tag dauerten.

Die Trennung von Maledivern und Touristen sollte die muslimische Bevölkerung vor den Ausschweifungen des Westens bewahren. Zugleich hatte sie den günstigen Nebeneffekt, dass niemand mitbekam, wie es wirklich zuging im Reich des Autokraten. Nicht demokratisch jedenfalls.

Wiewohl er sich durch seine dreißig Jahre währende Amtszeit ebenso verdächtig machte wie durch seine allgemeine Verschlossenheit gegenüber demokratischen Tugenden – politische Parteien ließ er erst im Jahr 2005 zu –, bewies Gayoom auch Weitblick. Er wies früh darauf hin, dass sein kleines Land mit dem Klimawandel besondere Probleme bekommen würde, und machte beim Kyoto-Protokoll zum Klimaschutz auf die exponierte Lage des Inselstaats aufmerksam. Den Tourismus auf den Inseln kultivierte er mit relativer Zurückhaltung und, so weit sich beides überhaupt miteinander verträgt, nahm er ein wenig Rücksicht auf die sensiblen ökologischen Verhältnisse. Das schließt ästhetische Vorgaben ein – Hotelbauten dürfen nicht höher ragen als die höchste Palme – und hat mittlerweile dazu geführt, dass sündteure Hideaways einander in umweltschonenden Maßnahmen zu überbieten suchen.

Ohnehin sind die Vorschriften streng: Nur ein Hotel ist pro Insel zugelassen, und das darf nicht mehr als zwanzig Prozent der Inselfläche in Anspruch nehmen. Die Vegetation muss authentisch bleiben; Bäume und Büsche, die einem Neubau geopfert werden, sind zu ersetzen. Auch die Verwendung von Korallen als Baumaterial ist heute verboten.

Wer ein Hotel auf den Malediven eröffnen möchte, kann sich dafür keine Insel kaufen, sondern darf für eine Dauer von fünfunddreißig Jahren eine vom Staat pachten. Zusätzlich kann man eine Option auf weitere fünfzehn Jahre Inselnutzung erwirken. Außerdem muss man Einheimischen Arbeit geben. Deren Anteil an den Beschäftigten der Tourismusbranche liegt dennoch nur bei rund sechzig Prozent; Frauen sind nur ausnahmsweise unter ihnen zu finden. Die übrigen vierzig Prozent stammen vor allem aus Indien und Sri Lanka. Hotelgesellschaften aus dem Ausland müssen einheimische Investoren in ihr Projekt einbeziehen. Die letztere Maßnahme soll den Ausverkauf des Inselreichs verhindern und hat beträchtlichen wirtschaftlichen Nutzen fürs Land.

Dass der internationale Flughafen Hulhule in der Lagune von Malé angelegt wurde und die Hauptstadt sich seit den ersten Touristentransporten zu Beginn der siebziger Jahre in eine veritable Großstadt verwandelt hat, passt weniger in den tröstlichen Mythos des um die Umwelt besorgten Staates. Die Trennung von Besuchern und Bewohnern mag indessen tatsächlich dazu beigetragen haben, die Malediven ein wenig länger aus dem Sog des westlichen Lebensstils herauszuhalten, als das sonst gelungen wäre – und somit traditionelle Gewohnheiten zu erhalten.

Seine außergewöhnlich lange währende Amtszeit ließ Gayoom sich unterdessen sechs Mal per Referendum bestätigen – der Einfachheit halber jedes Mal unter Verzicht auf Gegenkandidaten. Auch nach der Zulassung politischer Parteien blieb der Wunsch der Bevölkerung nach einer weiteren Demokratisierung der Verhältnisse groß. Gayoom beugte sich schließlich dem Druck, indem er selbst einen Reformplan entwarf. 2007 entschieden sich die Malediver per Referendum für ein Präsidialsystem, das sich an der Verfassung der Vereinigten Staaten von Amerika orientierte. Ein Jahr darauf wurde eine neue Verfassung erlassen, die den Weg für die ersten freien Wahlen im Oktober 2008 ebnete. Zum ersten Mal bewarben sich mehrere Kandidaten um den Job des Präsidenten, darunter neben dem Amtsinhaber und vier weiteren Kandidaten auch Mohamed Nasheed, genannt Anni.

Im Alter von einundvierzig Jahren wurde Nasheed am 28. Oktober 2008 nach einer Stichwahl, die er klar für sich entschied, zum ersten frei gewählten Staatspräsidenten der Malediven. Nicht nur ihr Alter bei der Amtsübernahme verbindet Maumoon Abdul und Mohamed Nasheed, sondern auch eine gemeinsame Geschichte. Maumoon Abdul hatte seinen späteren Nachfolger für sechs Jahre ins Gefängnis gesteckt. In Folge der Verletzungen, die der Journalist und Oppositionspolitiker in der Haft erlitt, muss »Anni« Nasheed noch heute ein orthopädisches Korsett tragen. So sind die Gemeinsamkeiten der beiden Staatspräsidenten auch schnell erschöpft. Nasheed, der die Maldives

Democratic Party im Exil in Sri Lanka gegründet hatte, übernahm die Amtsgeschäfte mit Schwung und Idealismus. Für Groll über die Vergangenheit hatte er keine Zeit. Gayoom lebt heute unbehelligt auf Malé, wo sein Sohn an seiner eigenen politischen Karriere arbeitet – mit dem Ziel, womöglich schon im Wahljahr 2013 Nasheed abzulösen.

Der reibungslose und friedfertige Übergang bescherte Nasheed indessen den ersten von zahlreichen staatstragenden Beinamen: Zum »Mandela der Malediven« wurde er in Anlehnung an seine Politik des Vergebens gekürt, bevor ihm seine ersten Amtshandlungen weltweite Aufmerksamkeit und den Titel eines »Obama des Klimaschutzes« einbrachten – schließlich hatte bereits sein Wahlkampfmotto »Change« an den Stil des amerikanischen Kollegen erinnert. Überboten wurde dieser Beiname noch vom Ehrenabzeichen eines »Dalai Lama des Umweltschutzes«. Der junge Präsident bewies nicht allein durch seine Geschichte als verfolgter Oppositioneller Charakter. Seine Auftritte zeugen von einer charismatischen Persönlichkeit und einem sicheren Instinkt in Sachen Öffentlichkeitsarbeit.

Als er im Oktober 2009 sein Kabinett unter Wasser um sich versammelte, war ihm ein beispielloser Coup gelungen. Die Politiker saßen in Taucheranzügen an einem Tisch und kommunizierten per Handzeichen miteinander und mit dem Rest der Welt. Der schickten sie ein SOS-Signal von den Malediven. Dass die Inseln im Indischen Ozean in

Folge der Erderwärmung und einer Erhöhung des Meeresspiegels buchstäblich untergehen könnten, wusste von nun an von den Azoren bis zu den Aleuten jedes Kind. Und wer den Ernst der Lage noch immer nicht erfasste, dem erklärte Präsident Nasheed beim Klimagipfel der Vereinten Nationen zwei Monate später in Kopenhagen noch einmal ganz genau, was es heißt, die Folgen des Klimawandels für die Industrieländer auszubaden. Und das als eine Nation, die traditionell im Einklang mit der Natur lebte, anstatt sie zu belasten.

Nasheeds Ziel, die Malediven zum ersten CO_2-neutralen Land der Erde zu machen, dürfte dennoch Probleme bereiten. Weder kann noch will er es sich leisten, auf den Tourismus zu verzichten. Im Gegenteil soll die Kapazität an Hotelbetten in den nächsten Jahren deutlich gesteigert werden. Und die Urlauber reisen nun mal mit Flugzeugen an, die jede Menge Kohlenstoffdioxid in die Atmosphäre blasen. Einziger Ausweg wäre, die Gäste »klimaneutral« einfliegen zu lassen: indem sie einer einschlägigen Organisation einen Geldbetrag spenden, den diese dazu nutzt, die abgegebenen Emissionen in einem Klimaschutzprojekt einzusparen. Der Tourist leistet dabei quasi eine ökologische Ablasszahlung. Sie würde es zumindest rein rechnerisch ermöglichen, dass das Land, das noch vor wenigen Jahrzehnten als vielleicht Letztes keinerlei fossile Brennstoffe verheizte, wieder auf eine neutrale Umweltbilanz käme. Das würde allerdings auch voraussetzen, dass die Malediver auf lieb gewordene Errungenschaften wie Klimaanlagen, Telefone, Computer und – in Malé – auch auf Autos und Mopeds verzichten. So denkt es sich auch Nasheed: Den Verbrauch von Energie will er massiv senken und den unverzichtbaren Restbedarf durch erneuerbare Alternativen decken.

Die Trennung des Landes in eine Welt für Malediver und eine für Urlauber findet Nasheed ebenso wie seine neue Tourismusministerin Dr. Mariyam Zulfa weniger wichtig als der einstige Präsident. Zum einen könne man voneinander lernen, zum anderen sollen die Bewohner der dörflichen Inseln ruhig ein bisschen an den Gästen verdienen.

Womöglich weiß dieser junge Präsident auch einfach, dass Fortschritt sich nicht aufhalten lässt, dass er fast überall auf der Welt ein westliches Gewand trägt und Probleme im Gepäck hat, die man auf den Malediven ohnehin mittlerweile kennt. Dazu gehören Abfallberge genauso wie der Wunsch nach Wohlstand und kompliziert zu entsorgenden Konsumgütern. Allein durch die Tatsache, dass ein Kellner sich schneller einen Fernseher kaufen kann als ein Fischer, wird maledivische Lebenswege in eine westliche Richtung lenken. Die Urlauber werden sich derweil weiter in ihren Resorts von der Außenwelt abkoppeln. Nach der Devise: Handy aus, Fernseher aus, den Alltag vergessen. Wer weiß schon, wann die Welt untergeht – und ob überhaupt.

Hummer im Mondschein

Der Sieg des Glücks über die Zeit: Mit einem Luxus-Katamaran durch die Atolle der Malediven

Charlie Parker steht barfuß, in weißen Shorts und makellosem weißem Hemd auf dem Tauchdeck und schaut ins Beiboot hinab. Sechs neue Gäste hat es am Landungsfloß des Wasserflugzeugs eingesammelt und zum Katamaran »Explorer« gebracht. Mit staatsmännischem Ernst beobachtet der junge englische Kreuzfahrtdirektor das Manöver, das sich jeden Montag und Donnerstag neu vollzieht: Die Passagiere balancieren vom Boot zum Katamaran, werden mit Handschlag begrüßt, versenken ihre Gesichter in zitronenduftenden kalten Tüchern, während Teile der Besatzung auf einheimischen Trommeln lärmen – ein Initiationsritus, der alle Bande zum Alltag kappt.

Charlie komplettiert ihn mit den Worten: Schuhe aus. Nackte Füße sind die Chiffre maledivischer Erholung, fern der Welt, fern aller Zwänge. Nicht nur in den Resorts, auch auf diesem Schiff. Von jetzt an werden wir Schuhe nur noch brauchen, wenn es zum Landgang auf bewohnte Inseln geht. Sie stapeln sich an der Wand neben der Tür, die zu den zehn Kabinen des Katamarans »Explorer« führt. Zwanglosigkeit ist das oberste Gebot an Bord. Die Crew, überwiegend unter dreißig, vermittelt das

Konzept vom entspannten Luxus bei bester Laune. Später nehmen wir barfuß und in legerer Abendkleidung an Deck Platz – zum Begrüßungsdinner mit Kapitän Chris Ellis, einem schweigsamen Australier. Die Sterne funkeln am Himmel, der Chardonnay ist kühl, aus der Suppe steigt der Duft von Zitronengras.

Sind die Inseln im Indischen Ozean über Wasser schon Postkartenträume aus Palmenstrand und türkisfarbenem Meer, so liegen ihre eigentlichen Attraktionen unter Wasser: die Korallenriffe. Schließlich besteht das Staatsgebiet ganz überwiegend – zu 99,7 Prozent – aus Meer. Wer auf einer der knapp über hundert Resort-Inseln Urlaub macht, schnorchelt täglich vor dem Hausriff. Und kennt bald jeden Krebs am Strand, jeden Flughund in der Luft vom Sehen. Die Inseln sind überschaubar und erfordern bei längerem Aufenthalt gehaltvolle Lektüre und gute Gespräche mit dem Partner. Bei der typischen Klientel – Verliebte, Flitterwöchner, Taucher und Ruheständler – ist das kein Problem. Anderen interessanten Zielgruppen wie etwa aktiven, Abwechslung suchenden Vielverdienern reicht das Prinzip »No news, no shoes« als Urlaubserlebnis aber womöglich nicht aus.

Die kanadische Hotelgruppe Four Seasons hat das Robinson-Dilemma frühzeitig als Problem identifiziert und eine Lösung erarbeitet: die »Explorer«, die seit Dezember 2002 als schwimmende Außenstelle des Resorts auf Kuda Huraa mit siebzehn Knoten durchs Meer gleitet. Klein und wendig, erreicht der neununddreißig Meter lange und zwölf Meter breite Katamaran, der eigentlich eine Motorjacht mit Doppelrumpf ist, auf einer Nord- und einer Südroute auch entlegene Tauch- und Schnorchelreviere. Er war keinesfalls der erste Tauchkreuzfahrer – aber das erste Luxusschiff, das durch die Atolle der Malediven kreuzt, zu bewohnten Inseln und einsamen Sandbänken. Von seinem Sonnendeck aus sieht das viel beschworene Paradies jeden Tag ein bisschen anders aus.

Es ist in verschwenderischen Farben und sparsamer Gegenständlichkeit gemalt: das Meer, das in allen Schattierungen von Türkis leuchtet, der Himmel, die hingetupften Inselchen – eine Kulisse von ruhiger Ewigkeit, vor der der Wechsel zwischen Nichtstun an Bord, Ausflügen unter Wasser und sporadischem Kontakt zur Außenwelt eine eigene Dynamik entwickelt. So selbstverständlich sich dieser Rhythmus zu ergeben scheint, so ausgeklügelt ist er. Charlie Parker wäre nicht mit siebenundzwanzig Jahren Direktor des Schiffes geworden, würde er dazu neigen, Dinge dem Zufall zu überlassen. Entspannte Perfektionisten wie er verschwinden zwar in der Regel nach zwei bis drei Jahren ins Management eines Hotels oder Resorts auf einem anderen Kontinent. Doch kann man sich ebenfalls darauf verlassen, dass ihre Nachfolger ihre Aufgabe nicht weniger elegant erfüllen. Vorträge über Meeresfauna oder Korallenbleiche und Ausflüge zum Hochseefischen sind mit leichter Hand in den Tag gestreut, der ganz unmerklich verfliegt. Zwischendurch sehen wir Delfine übers Wasser hüpfen und denken darüber nach, wann wir es bloß schaffen sollen, uns an Deck oder an einem einsamen Strand unter die Hände der an Bord (und wahlweise auch an Land) tätigen Masseurin zu begeben.

Ansonsten sind wir jeder Eigenverantwortung entledigt. Kaum sind wir dem Wasser entstiegen, reicht man uns Handtücher. Noch bevor wir Durst verspüren, steht ein Kellner vor uns. Hinter dieser Leichtigkeit steht ein enormer Aufwand, der den Gästen unsichtbar bleibt. Wir ahnen nichts von den siebenhundertfünfzig Handtüchern, die Woche für Woche an Land zu reinigen sind, und der Sechzehn-Stunden-Arbeitstag des schwedischen Küchenchefs ficht uns nicht an. Ihn im Übrigen auch nicht, denn er liebt nicht nur seinen Job, sondern auch seine tägliche einstündige Schnorchelpause. Auch die Crew wird ihrer harten Arbeit zum Trotz vom Hochgefühl des Kreuzens zwischen Himmel und Meer getragen.

Dass an Bord wie auf den Hotelinseln »Resort Time« gilt, ein künstlicher Begriff für den ganz natürlichen Wunsch, diese Tage mögen länger dauern, ist da nur passend: Um eine Stunde werden die Uhren vorgestellt, damit die leuchtend hellen Nachmittage nicht zu früh in tropischer Nacht versinken. Zeit ist ein willkürlicher Begriff, das lehrt die Inselwelt schnell.

Im Wasser trennen wir uns von einer weiteren Dimension. Stundenlang könnte man sich auf der planschwarmen Meeresoberfläche treiben lassen, schwerelos, ohne Anstrengung, den Blick nach unten gerichtet. Schwärme blau-gelber Doktorfische ziehen vorbei, bunte Kaiserfische und der lange Trompetenfisch, der aussieht wie eine Tier gewordene gelbe Luftpumpe. Frankie, die Meeresbiologin aus Manchester, deutet zur Seite, wo sich das Riff in unendlicher Tiefe verliert und eine Wasserschildkröte rasch davonpaddelt.

Frankies Schnorchelexkursionen machen Lust auf mehr Meer, und so finden sich auch die Nicht-Taucher nach theoretischer Unterweisung in Druckausgleich und Zeichensprache unter einer Sauerstoffflasche wieder. So schwer ist die, dass der kurze Weg vom Tauchdeck zum motorisierten Schlauchboot uns fast schon in die Knie zwingt. Sich mit diesem Stein auf den Schultern rücklings ins Wasser fallen zu lassen, scheint zunächst keine gute Idee zu sein. Doch dort ist alles anders, und wider Erwarten ist es gar nicht leicht, zu ersten Brillenspülübungen wie angeordnet im flachen Wasser auf dem Meeresboden Platz zu nehmen.

Als wir dort auch noch gelernt haben, wie man verloren gegangene Mundstücke einfängt und einsetzt, geht es in Richtung Abgrund. Meter für Meter tasten wir uns nach unten, und die beunruhigenden Gedanken an Taucherkrankheit und sonstige Zwischenfälle unter Wasser verschwinden mit zunehmenden Einsichten. Die Farben sind blasser als auf Schnorchelhöhe, die Einblicke tiefer. Die Brille verwischt Maßstäbe: Seesterne und Muscheln haben Fußballgröße, der Kopf der Muräne, auf die einer der Tauchlehrer aufmerksam macht, sieht so breit aus wie ein Computerbildschirm. Wir lassen uns weiter treiben, bis auf knapp zwölf Meter Tiefe. Von da an geht es langsam nach oben. Nach siebenunddreißig Minuten sind wir wieder im Schlauchboot, wo die Sonne gleißend scheint und der Tauchanzug am Körper festklebt.

Nach dem Dinner lümmeln wir in der Lounge vor dem breitformatigen Fernseher. Auf dem Bildschirm zieht der Tag an uns vorbei, von Musik untermalt. Es ist Roger, dem schelmischen französischen Tauchlehrer zu verdanken, der mit der Kamera Muränen beschleicht und die Gäste in schicksalhaften Momenten aufnimmt: wenn wir mit der Angel einen schmächtigen Fisch aus dem Wasser ziehen oder beim Wasserskifahren unter einigen Mühen den Körperschwerpunkt über die Meeresoberfläche stemmen. In diesen Augenblicken ist es, als reisten wir absichtlich in dieser Konstellation: das blitzblanke amerikanische Pärchen, das hier das Tauchzertifikat erwirbt, der von Rotwein und Sonnenlicht verfärbte Amerikaner mit seiner japanischen Frau, die beiden lauten Australier, die netten jungen Belgier. Schon hält sich niemand mehr damit auf, hier noch Kabinentüren abzuschließen. Charlie lächelt wohlwollend dazu und erklärt den Kurs des nächsten Tages.

Bevor die Malediven zum Abziehbild tropischer Urlaubsträume wurden, waren sie der Schrecken aller Seefahrer: ein gewaltiges Gebirge unter der

Wasseroberfläche, das den Weg nach Indien versperrte. Nur die höchsten Gipfel ragen aus dem Wasser, sandige Flecken, von Kokospalmen bestanden. Nautische Tücken haben die vierzehn Großatolle noch immer. Die jüngste Karte der Malediven, die bis heute in Gebrauch ist, wurde im Jahr 1834 erstellt, und Stürme wie Strömungen lassen immer mal wieder Inseln verschwinden oder neue entstehen. Der Anspruch der Crew, den Gästen unentdeckte Gefilde der Malediven zu zeigen, führt das Schiff zudem in Gegenden, die auch die Karte nicht genau kennt. Um die »Explorer«, deren Bau und Ausstattung fünf Millionen Dollar gekostet hat, nicht zu gefährden, und außerdem unseren Nachtschlaf nicht zu stören, liegen wir ab der Cocktailstunde stets vor Anker.

Die Bewohner der Malediven leben nicht nur nach einer anderen Zeit – »Resort Time« hat auf ihren Inseln keine Bedeutung –, sondern auch in einer anderen Welt. Sie ist der islamischen Staatsreligion wegen alkoholfrei. Nur für die Resorts wird eine Ausnahme gemacht. Dhangheti, eine Insel, auf der siebenhundertneunzig Menschen leben, besitzt außer einer Schule für die Inseln des südlichen Ari-Atolls und einer Hauptstraße, in der Besucher Postkarten, *Sarongs* und Mobiles aus bunten Holzfischen kaufen können, ein Freiluftmuseum, in dem Einheimische ihren traditionellen Lebensstil demonstrieren. Die Häuser – das eines Fischers, das eines reichen Mannes und eine Gebärhütte – sind aus dem Holz der Kokospalmen gebaut, ebenso Möbel und Werkzeuge. Kokosöl wird zum Kochen benutzt, getrocknete Palmwedel dienen als Brennmaterial, aus Kokosnussschalen entstehen Spielzeugboote für Kinder.

Das Leben wirkt friedlich und ereignisarm, und man fragt sich, was das Gericht an der Hauptstraße wohl zu tun hat. Es ist tatsächlich eine Menge. Einst lag die Scheidungsrate auf den Malediven bei siebzig Prozent. Eine Scheidung ist nach islamischem Recht rasch ausgesprochen, und viele Paare finden nach affektischen Trennungen bald wieder zusammen. Heute versucht man die Justiz zu entlasten: Jeder Bürger darf höchstens dreimal dieselbe Person heiraten.

Am Abend steht ein »Sandbank Dinner« auf dem Programm. Hummer im Mondschein, das klingt verlockend. Doch ein kräftiger Regenguss kommt uns in die Quere, und wir bleiben an Bord. Charlie hat trotzdem jedem einen landestypischen *Sarong* in die Kabine legen lassen. Barfuß und in buntes Tuch gehüllt erscheinen wir zum Dinner. Es kommt uns nicht mal seltsam vor.

Nur die Alten fahren noch zum Fischen hinaus

Mit dem Fahrrad über die längste Straße der Malediven: Einblicke in ein fast vergessenes Atoll

Zwei Mädchen und ein Knabe sitzen in *Undholi*, den traditionellen maledivischen Schaukeln, vor dem Haus und schauen auf die Straße. Viel ist dort nicht zu sehen: Ab und zu geht jemand vorbei, dann schnaufen ein paar westliche Besucher auf Fahrrädern heran. Am Tag zuvor hat es heftig geregnet. Nun dampft die Insel Feydhoo in der Hitze, und die Gesichter der Radler haben sich unter ihren Sonnenhüten gerötet. Die Kinder kichern fröhlich über die Fremden, die ohne Not ihren Platz im Schatten einer Palme mit dem Fahrradsitz vertauscht haben.

Eine Nachbarin fegt ihren makellosen Hof. Ihr Besen besteht aus den herausgelösten Rippen von Palmwedeln, die ein Band fest zusammenhält. Safiya Adam verbringt viel Zeit mit diesem Arbeitsgerät. Die vierundvierzigjährige Mutter von sechs erwachsenen Kindern arbeitet auf der Resort-Insel gegenüber, wo sie mit vierunddreißig Kolleginnen jeden Tag von sechs bis dreizehn Uhr die Blätter zusammenkehrt, die in der Nacht auf die Sandwege gefallen sind. Die Arbeit macht ihr Spaß, sagt sie, sie sei froh, nicht den ganzen Tag alleine zu Hause zu sitzen. Im vergangenen Jahr ist ihr Mann gestorben. Ein junger Mann, der sich zu uns gesellt, übersetzt ihre Geschichte. Bereitwillig lassen sich die beiden ausfragen. Über den Klimawandel und seine möglichen Folgen für ihre Heimat mache sie sich keine Gedanken, erzählt Safiya Adam. Nur vor einem weiteren Tsunami habe sie Angst, erklärt sie ernst.

Die Möglichkeit, mit Maledivern ins Plaudern zu geraten, bietet sich außer mit Beschäftigten auf den Resort-Inseln kaum und war bis vor Kurzem auch nicht vorgesehen. Bis Mohamed Nasheed 2008 der erste demokratisch gewählte Präsident der Malediven wurde, war die Trennung von Besuchern und Bewohnern Politik. Und noch immer sorgt die Geografie der Malediven dafür, dass man einander höchstens im Rahmen organisierter Ausflüge begegnet – Resorts werden schon aus Platzgründen nur auf unbewohnten Inseln errichtet.

Ausnahme ist die Hauptstadt Malé, von der die meisten Urlauber allerdings kaum mehr als den Flughafen sehen. Und das südlich des Äquators gelegene Addu-Atoll, das mit einem Durchmesser von siebzehn Kilometern klein ist, aber für die örtlichen Verhältnisse viel Landmasse besitzt. Hier ist alles ein bisschen anders als sonst auf den Malediven. Die Resort-Insel Villingili – eine von nicht einmal einer Handvoll im Atoll – ist mit drei Kilometern Länge und maximal achthundert Metern Breite geradezu riesig. Dort ist es mit Barfußlaufen nicht getan, das Fahrrad ist ein unverzichtbares Transportmittel für Beschäftigte und Gäste.

Auch sonst unterscheidet sich dieses südlichste Atoll der Malediven vom restlichen Land. Zum einen durch die Sprache. Der Dialekt, der auf den Inseln gesprochen wird, unterscheidet sich klar von der Landessprache Dhivehi und wird von den Bewohnern der drei südlichsten Atolle zur Verständigung untereinander genutzt. Er ist der meistgesprochene Dialekt des Landes. Zum anderen durch sein Selbstverständnis und seine Geschichte. Denn diese drei Atolle – Addu, Huvadhoo und das winzige Fuvammulah, die gemeinsam das Archipel Suvadiva bilden – waren es auch, die am 3. Januar 1959 einen ganz unerhörten Schritt unternahmen. Sie riefen die Vereinigte Republik Suvadiva aus und erklärten ihre Unabhängigkeit von den Malediven.

Für die Vorgänge zuvor gab es historisch gewachsene Gründe. Während Indien und Ceylon die Unabhängigkeit von Großbritannien erlangten, waren die Malediven britisches Protektoratsgebiet geblieben. Schon lange gab außerdem die mangelhafte Kommunikation Malés mit den entlegenen Atollen Anlass für Unmut. Nicht einmal eine regelmäßige Schiffsverbindung gab es; wenn man im Süden überhaupt etwas mitbekam von den Geschehnissen in der Kapitale, so geschah dies zufällig. Zudem hatten die isolierte Lage und die nicht vorhandene Anbindung an den Rest des Landes handfeste Folgen für die Bewohner des Südens: Es gab keine Post, keine Handelsverbindungen und somit weder Warenlieferungen noch eine ärztliche Versorgung. Die drei im Süden waren buchstäblich die vergessenen Atolle der Malediven.

Insofern orientierte man sich hier traditionell nach Ceylon oder Indien, wenn man Handel treiben wollte, zumal diese Gestade leichter zu erreichen waren als die ferne Hauptstadt, die hinter zahlreichen gefährlichen Riffen lag. Solange alle drei Länder zum Empire gehörten, wurden diese Exkursionen der Südmalediver auch geduldet. Als diese für Reisen in die unabhängigen Nachbarländer aber Pässe und Visa benötigten, änderte sich die Lage. Denn diese Papiere gab es nur in Malé. Ein Riesenvorteil für die Bewohner der Kapitale, die ebenfalls mit Ceylon und Indien handeln wollten. Auch dachte man in der Hauptstadt nicht daran, zu all dem Meinungen aus dem Süden einzuholen. Stattdessen entsandte man Milizsoldaten ins Addu-Atoll, die dafür sorgen sollten, dass garantiert kein Insulaner irgendwelchen unerlaubten Handel trieb – weder mit Handelspartnern jenseits des Ozeans noch mit den Briten, die seit dem Zweiten Weltkrieg auf Gan und Hithadhoo präsent waren. Als noch niemand hier an Tourismus auch nur dachte, hatte die englische Royal Navy 1941 den Stützpunkt errichtet. 1957 übernahm die Air Force die Station. Nun kam es zu Unruhen im Addu-Atoll und schließlich wurde die Idee geboren, die Geschicke der südlichsten Inseln selbst in die Hand zu nehmen.

Anerkannt wurde dieser Staat allerdings nicht. Nur einmal schritten die Einwohner Addus in ihrer Eigenschaft als Bürger der Vereinigten Republik Suvadiva zur Wahlurne. In den beiden anderen Atollen verhinderte Militär aus Malé die Wahlen. Der ganze Spuk endete 1963, als die Republik der abtrünnigen Atolle sich am 23. September wieder den Malediven anschloss und ihr Kopf Abdullah Afeef mit seiner Familie ins Exil auf die Seychellen floh. Freiwillig geschah das alles nicht. Die Briten, die die Separatisten zunächst unterstützt, ihren Staat allerdings nie offiziell anerkannt hatten, taten Malé den Gefallen, nur mehr maledivischen Staatsbürgern Arbeit geben zu wollen. Im Verein mit der ultimativen Aufforderung, die Flagge der Suvadiven einzuholen, zeigte diese Maßnahme rasche Wirkung. Zurück blieben ambivalente Gefühle für die Engländer, die in den Augen vieler ein doppeltes Spiel getrieben hatten, sowie ein noch lange gestörtes Verhältnis zur Hauptstadt.

Geradezu fantastisch erscheinen einem diese noch gar nicht allzu weit zurückliegenden Vorgänge, wenn man durch die Inselidylle radelt. Links und rechts leuchtet das Meer in jenem unwirklichen Türkis, das die Gehirne von Mitteleuropäern verwirrt, sie dazu bringt, sich die Kleider vom Leib zu reißen, ins Wasser zu laufen und von einem neuen Leben ohne Regen, Kälte und Winter zu träumen. Vom Himmel brennt dazu heiß die Äquatorsonne. Ein schmaler Streifen Straße führt über das Wasser geradewegs zum Horizont.

Die Inseln Gan, Feydhoo, Maradhoo und Hithadhoo, die durch Dämme miteinander verbunden sind, verfügen über die mit siebzehn Kilometern längste Straße der Malediven. Hier strampeln wir nun umher, getrieben von dem Wunsch, statt Schwärmen bunter Doktorfische auf dem Riff einmal maledivisches Alltagsleben zu beobachten. Und tatsächlich zeugen die Bilder am Wegrand von einem friedlichen und auf beruhigende Weise ereignisarmen Leben: die Moschee mit den Grabsteinen davor, auf denen Muscheln liegen – einstmals Zahlungsmittel auf den Inseln und noch immer Symbol für Wohlstand und ehrendes Gedenken der Verstorbenen –; der freundlich grüßende Fischer, der seine Netze ausbessert; die Kinder, die am Ende einer Straße Fußball spielen; Männer, die im Schatten eines Mangobaums sitzen, Schach spielen und von den Fremden nur wissen wollen, ob sie aus Dänemark seien. Womöglich haben die Wellen, die die dänischen Karikaturen in der islamischen Welt schlugen, schließlich auch Feydhoo erreicht.

Ein Stück weiter liegt ein kleiner Supermarkt an der Straße. »Closed for prayer«, steht auf einem Schild an der Tür. Ein Mann und ein spielendes Kind bewachen eine in leuchtendem Orange gestrichene Tankstelle. Der Mann lächelt. Nein, heute war noch niemand da.

Allem Frieden zum Trotz muss man den Einblick in die Inselwelt auch ertragen können. Denn die Zeit sieht keinen Anlass, ausgerechnet hier stillzustehen, selbst wenn der leuchtend blaue Indische Ozean an die Palmenstrände rollt wie vermutlich immer schon. Eine unbewohnte Insel in Sichtweite soll bald erschlossen werden. Als Wohnort, nicht als Resort, zu erreichen über einen weiteren Damm. Wir schauen auf das Grün der Insel, gesäumt von weißem Sand, und wollen bedauern, dass die Straße dereinst auch dort hinführen soll. Aber wer hier lebt, träumt nicht von einsamen Tropeninseln. Nur die Alten fahren noch zum Fischen hinaus, erzählt ein Zwanzigjähriger. Und wer holt in zwanzig Jahren den Thunfisch aus dem Meer? Die Alten, so lautet die Antwort in klarster Logik. Junge Leute lieben das Addu-Atoll, weil man hier einem Vergnügen von universeller Anziehungskraft nachgehen kann: Autofahren.

Hundert Autos gibt es auf den vier durch Dämme verbundenen Inseln. Das mag wenig sein, gemessen an dreißigtausend Einwohnern des Addu-Atolls. Für eine Straße, auf der die zulässige Höchstgeschwindigkeit streckenweise sechzig Stundenkilometer beträgt statt der sonst üblichen dreißig, ist es dennoch viel. Kürzlich habe es einen schweren Unfall gegeben, erzählt der Verkäufer an einem Stand, der uns für einen Dollar eine Kokosnuss aufschlägt. Vier Männer, alle Anfang zwanzig, saßen im Auto. Ein Schriftzug auf der Straße erinnert an den tödlich verunglückten Fahrer. Die drei Mitfahrer liegen noch im Krankenhaus im fernen Singapur.

Seit einiger Zeit herrscht auf dieser Straße

Helmpflicht für Mopedfahrer – ein reiches Betätigungsfeld für die örtlichen Polizisten, die in Ermangelung von Kriminalität ansonsten ein ruhiges Leben führen. Wer zum zweiten Mal ohne Helm erwischt wird, muss eine Strafe zahlen, die dem Kaufpreis eines Helmes entspricht. In den Nebenstraßen aus Sand fährt man weiter barhäuptig – oder mit Kopftuch.

Aus üppigen Gärten wachsen Bananenstauden, Mangobäume und Kokospalmen. Die Häuschen liegen hinter niedrigen Mauern und sind in fröhlichen Farben gestrichen, ihre Bewohner sitzen in Hängestühlen und winken freundlich. Mittags duftet es aus den Häusern nach Fischcurry. Doch ist der westliche Lebensstil schnell und weit in diesen entlegenen Teil der Inselwelt vorgedrungen. Mohamed Inaan, der mit Eltern und fünf Geschwistern auf Maradhoo lebt, hat 1995 zum ersten Mal ein Telefon, im Jahr 2000 sein erstes Mobiltelefon gesehen. Heute besitze jeder in seiner Familie eines, erzählt der Dreiundzwanzigjährige – mit Ausnahme seiner zweijährigen Schwester. Auch ein Motorrad gehört zu beinahe jedem Haushalt. »Dial for Fish«, steht auf einem Schild, das für einen Lieferservice von Riff-Fisch und Thunfisch wirbt. Eine Boutique heißt »Classic wear«, der Kramladen »Bits and Pieces«, bei »Good Looks« sind die Schaufensterpuppen in Caprihosen und T-Shirts gewandet.

Auf Maradhoo treffen wir Mousa Hassan. Seine würdige Erscheinung ist uns bereits vertraut: Der Dreiundsiebzigjährige bekleidet im Resort auf

Villingili den exotischen Posten eines »Jetty Ambassador«. Als Bo(o)tschafter des Hauses begrüßt er Neuankömmlinge am Bootssteg mit freundlichem Lächeln, warmen Worten und einer Haltung, die jedem Staatsmann Ehre machen würde. Heute hat Mr. Hassan frei. Er zeigt uns sein Haus und erzählt aus seinem Leben – und mit seiner Biografie auch einen Teil der örtlichen Geschichte. »An einem Regentag« des Jahres 1937 wurde er geboren; so erzählten es ihm später seine Eltern. Geburten wurden damals nicht registriert, Tage durch klimatische Gegebenheiten und familiäre und dörfliche Ereignisse aus dem Jahreslauf hervorgehoben statt durch Daten. In den sechziger Jahren arbeitete er in Gan als Koch für die Briten. Als sie die Malediven 1976 verließen – unabhängig geworden waren die Inseln bereits 1965 –, ging er zunächst nach Malé und arbeitete später auf einem Frachter. Nach zweiundzwanzig Jahren kehrte er 1997 nach Addu zurück, wo er als Sicherheitskraft auf Gan tätig war. Dann schließlich fand er den Job des Jetty Ambassador auf Villingili. Obwohl längst im Rentenalter, liebt er seine Arbeit. »Ich bin sehr glücklich, etwas zu tun zu haben. Hier lacht jeder, alle haben gute Laune, und ich sitze nicht zu Hause herum.«

Wo man auch eincheckt auf den Resort-Inseln der Malediven, auf allen stößt man auf sprachgewandte Servicekräfte, die vom Addu-Atoll stammen. Das liegt daran, dass Kontakte mit der englischsprachigen Welt im südlichsten Atoll des

Landes nichts Neues sind. Als die Briten das Atoll verließen, hinterließen sie bei den Bewohnern neben Erfahrung im Umgang mit den blassen, an der Hitze leidenden Europäern auch solide Englischkenntnisse. Es waren gute Voraussetzungen für Karrieren in der erblühenden Tourismusindustrie, und vor allem viele der Männer sollten für Jahre in den Hotels der nördlichen Atolle verschwinden.

Seit die ersten Resorts im Addu-Atoll eröffneten, sind viele von ihnen in ihre Heimat zurückgekehrt. Nachdem sie jahrelang nur einmal im Jahr Urlaub zu Hause machen konnten, fahren sie nun morgens mit dem Speedboot zur Arbeit und sitzen abends wieder auf Feydhoo, Maradhoo oder Hithadhoo vor dem eigenen Haus. Es ist ein geradezu unerhörter Luxus.

Auch den Flughafen auf Gan hinterließen die Engländer. Hier landen heute die Touristen aus Malé – und womöglich demnächst auch aus anderen Teilen der Welt. Die Landebahn knapp unterhalb des Äquators, für die die englische Garnison die Ruinen einer buddhistischen Stupa aus vorislamischen Tagen abgetragen hatte, ist lang genug auch für größere Passagiermaschinen. Noch wagt sich niemand an das Ziel heran, da es im Atoll bis auf das 2009 eröffnete Shangri-La mit hundertzweiundvierzig Villen nur ein Hotel mit sechzig Zimmern auf Gan sowie das mit zweihundertdreiundsiebzig Villen recht große Resort Amari Addu Maldives gibt.

Die Briten machten sich auf Gan so breit, dass

die Bewohner nach Feydhoo ausweichen mussten. Dort wiederum wurde es so eng, dass viele Einheimische auf die nächste Insel, nach Maradhoo, weiterzogen. Deshalb wird diese dritte der vier miteinander verbundenen Inseln auch Maradhoo-Feydhoo genannt – der alte Name reiste mit den Bewohnern mit. Nach Abzug der Garnison kehrte niemand nach Gan zurück. Außer dem Flughafen gibt es hier nur das Hotel Equator Village in der einstigen Offiziersunterkunft, eine Bank und ein Souvenirgeschäft, in dem Touristen Teller mit der von orthografischen Zwängen unbelasteten Aufschrift »Shangrilla« kaufen können.

Wir strampeln weiter. Ein Stück geht es die von Palmen gesäumte Schnellstraße entlang, dann liegen links von uns eine Mülltrennungsanlage, ein Kraftwerk, das die fünf Inseln mit Strom versorgt, schließlich ein Stadion und ein Fußballfeld. Kinder dribbeln, wo kürzlich die Nationalmannschaft der Malediven für ein Länderspiel trainierte. Ausgetragen wurde es in Malé, die Gastgeber blieben siegreich: Drei zu zwei ging das Spiel gegen die Philippinen aus.

Das Regierungsgebäude des Atolls ist kleiner als die Schule nebenan. Der Verwaltungsaufwand für die dreißigtausend Bewohner des Atolls scheint überschaubar zu sein – und der Glaube an die Bildung ist groß. Orchard Magu heißt die Hauptstraße von Hithadhoo, hier ist das Freiluftkino der Insel zu finden. Graffiti an Hauswänden mahnen Vorübergehende, sich an den Wahlen zu beteiligen: »Vote for Change« ist da zu lesen – ein Überbleibsel von den Wahlen im Herbst 2008. Hier wirkt die Inselwelt fast ein wenig urban. Doch die Kinder, die hier am Vormittag lernten, spielen jetzt am weißen Strand des Indischen Ozeans.

Die Asphaltstraße endet, und bald darauf auch Hithadhoo. Im Meer liegen kleine, unbewohnte Inseln, die die Einheimischen für Picknicks nutzen. Am Nordufer sehen wir die Begleiterscheinungen der zivilisatorischen Errungenschaften der Inselkette: Dutzende leerer Plastikflaschen und reichlich angeschwemmten Müll.

Wir stellen die Räder ab, sinken in die Sitze des Bootes, das hier auf uns gewartet hat, und wischen uns mit gekühlten, nach Jasmin duftenden Tüchern den Schweiß aus Gesicht und Nacken. Mit dem Speedboat sind es nur acht Minuten Fahrt bis Villingili: einer Malediven-Insel ohne Autos und ohne Mopeds, aber mit siebzehntausend Palmen.

Im Korallengarten

Sind die Riffe noch zu retten? Die Transplantation von Korallen lässt es hoffen – solange das Meerwasser nicht zu warm wird

Das Christkind war schuld. So schien es zumindest, als im Jahr 1998 in Folge des Klimaphänomens mit dem schönen Namen El Niño auf den nördlichen Atollen der Malediven über neunzig Prozent der Korallenbestände in einer Wassertiefe bis zu fünfzehn Metern vernichtet wurden. In Wahrheit war natürlich alles anders. Das Christkind hatte mit der Katastrophe nichts zu tun. Zwar tritt die Verkehrung der Meeresströmungen immer wieder zu seiner Hauptarbeitszeit auf, ansonsten hatte die Erscheinung jedoch nichts Harmloses. Auf drei Vierteln des Planeten schlug das Wetter Kapriolen. Der Indische Ozean erwärmte sich so stark, dass plötzlich auch in Europa jeder wusste, dass das Christkind nicht nur schöne Geschenke bringt. Die Korallenbleiche fiel wesentlich dramatischer aus als in anderen Jahren. Und das erklärt sich so: In tropischen Korallen leben Algen, die ihre Wirte mit Energie versorgen. Diese Algen vertragen keine Wärme. Geraten sie ins Schwitzen, stellen sie Gifte her, die die Korallen absterben lassen. Deshalb kündigen diese die Symbiose und stoßen die Algen ab. Übrig bleibt nur ihr weißer Kalkmantel – und die Koralle stirbt trotz ihres suizidalen Rettungsversuchs. Thomas Le Berre seufzt. »So einfach ist das«, sagt der französische Küsteningenieur. »Und so kompliziert.« Denn Riffe bestehen aus Skeletten von Steinkorallen, die sich im Lauf von Jahrhunderten aufgebaut haben. Sie stellen den Lebensraum für fünfundzwanzig Prozent aller Arten maritimen Lebens – darunter nicht wenige, die auch der Mensch zu sich nimmt. Doch nur, solange sich lebende Korallen auf den gewaltigen Strukturen befinden, finden diese Arten Nahrung. Keine Korallen bedeuten keine Fische und keine intakten Riffe. Und keine Riffe bedeutet: keine Malediven. Denn Riffe schützen die flachen Inseln vor Monsunstürmen, die an ihren Küsten nagen, bis nichts mehr übrig ist. Die sechsundzwanzig Atolle der Malediven sind nicht vulkanischen Ursprungs, sondern sind Koralleninseln. Korallen sind nichts Geringeres als das Fundament des Inselreichs.

Auch mehr als ein Dutzend Jahre nach dem unerfreulichen Weihnachtsbesuch ist die saisonale Erwärmung des Meeres ein Problem. Aber eines, für das Lösungen gesucht werden. Thomas Le Berre demonstriert seinen Ansatz. Er fischt ein Stück Koralle aus einem Eimer, setzt es auf ein eisernes Gestell und legt mit der anderen Hand ein Plastikband um Koralle und Gestell, das er durch eine Lasche zieht. Die Nächste, bitte. Schwierig ist es nicht, Korallen zu transplantieren – zumindest, wenn man sich auf die ausführenden Handgriffe beschränkt. Deshalb dürfen sich auch Amateure beteiligen.

Nach zehn Minuten haben Thomas, zwei junge Meeresbiologen aus Spanien, die hier ein Praktikum absolvieren, und eine Urlauberin aus Japan, die den Korallenrahmen gespendet hat, sämtliche Ableger der Arten Acropora austera und Montipora foliosa am sechseckigen, nach oben schmal zulaufenden Stahlgerüst befestigt. Einer der Praktikanten greift es, trägt es zum Steg und lässt es unzeremoniell ins Wasser platschen. Dort liegen bereits einige Hundert Korallenrahmen. »Reefscapers«, die Riffgärtnerei des Four Seasons Resorts auf Landaa Giraavaru im Baa-Atoll, wurde von Thomas Le Berre ersonnen und vom Resort umgesetzt. Die älteren Rahmen sind von bunten Fischen umschwärmt und unter ihrem dichten Korallenbewuchs kaum mehr zu erkennen.

Le Berre will bei der Arbeit im Korallengarten sämtliche negativen Nebenwirkungen ausschließen. Denn auch von den besten Intentionen geleitete Maßnahmen bedeuten Eingriffe in die Natur mit nicht immer vorhersehbaren Folgen. Das Material für die Rahmen kommt aus nicht allzu weiter Ferne, nämlich aus Indien. Befestigt werden Korallen, die – versehentlich oder in Folge von Stürmen – aus bestehenden Riffen gebrochen wurden, sowie Fragmente von solchen, die bereits auf den Gestellen wachsen. Auch werden keine Fische hergelockt, die dann an den natürlichen Riffen fehlen. »Die Ersten müssen natürlich hierher finden. Aber das Entscheidende ist, dass sie sich am künstlichen Riff ansiedeln und fortpflanzen«, erklärt Le

Berre. Die Fische gelangen als junge Tiere mit der Strömung in die Lagune und wachsen in den Korallen heran. Ihnen folgen größere Artgenossen und Raubfische. Handelte es sich bei der bunten Fauna rund um die Rahmen ausschließlich um angelockte Fische, würde durch das künstliche Riff das echte geleert – und somit ein Eigentor erzielt. Die Bestände an den natürlichen Riffen erscheinen jedoch unverändert.

Mit der Herstellung der sechseckigen Gestelle aus Stahl, auf die Sand geklebt wird, verdienen Malediver von der Zweihundertfünfzig-Einwohner-Insel Fulhadhoo im Baa-Atoll ihr Geld. »Die gehen schon nicht mehr fischen«, erklärt Le Berre mit grimmiger Zufriedenheit. Die Fischerei für den Export ist ihm ein Dorn im Auge. »Die Menschen angeln hier nicht mehr für den eigenen Bedarf, sondern für den Markt in Hongkong. Und für Aquarien in Europa.« Weshalb er auf Landaa Giraavaru mittlerweile ein Projekt zur Zucht von Clownfischen initiiert hat. Obwohl es Thomas lieber wäre, europäische und amerikanische Eltern würden ihren Kindern einfach keine Nemos schenken. Er rauft sich die Haare und schüttelt den Kopf. Dies ist eine weitere Baustelle. »Es gibt einen riesigen Markt für Zierfische«, sagt er. Wer auf den Malediven einen Clownfisch fängt, bekommt zwei US-Dollar dafür. In Europa wechseln die Tiere dann für zwanzig Euro den Besitzer.

Am Anfang der Riffgärtnerei auf Landaa Giraavaru stand ein Hotelneubau – der größte annehmbare Unfall für die Riffe. Um eine bislang unbewohnte Insel Booten zugänglich zu machen, wird das Riff in aller Regel aufgebrochen. Um so wichtiger ist es, der Natur nach einer solchen Attacke wieder ein wenig auf die Beine zu helfen. Zumal die Liste der negativen Auswirkungen der Bauarbeiten noch länger ist: Zusätzliche Abbrucharbeiten am Riff sind erforderlich, um die Lagune für die Bauarbeiten, aber auch für die künftigen Gäste zu erschließen. Zu den weiteren Störfaktoren zählen aufgewühlter Sand, der das Wasser eintrübt und Sonnenlicht aussperrt, sowie Bauschutt und Lärm.

Das Verfahren der Korallenrahmen hatte er bereits im Schwesterresort des Neubaus erprobt. Thomas Le Berre zerbrach sich schon vor dem Jahr 2000, als er in Malé seine Umweltberatungsfirma Seamarc gründete, den Kopf darüber, wie man künstliche Riffe schaffen könnte – ein Ansinnen, das zu diesem Zeitpunkt als wenig erfolgversprechend galt. Mit einem Umweg über Australien war der Bretone auf die Malediven gekommen. Er studierte an der James Cook University in Townsville, als er sich in eine Kommilitonin von den Inseln verliebte. Die angehende Meeresbiologin wurde seine Frau. Das Paar zog auf die Malediven, und Thomas, der sich vorrangig mit Küstenerosion beschäftigt hatte, konzentrierte sich zunehmend auf Korallen. Wirklich trennen ließen sich die beiden Gebiete ohnehin nicht: Der Sand, den die Inseln ans Meer verlieren, stammt von Korallen, die Korallenriffe schützen als natürliche Wellenbrecher wiederum die Inseln – und den Sand – vor den Wellen. Zudem war das Thema damals von bedrückender Aktualität: El Niño hatte gerade sein Unwesen getrieben, die Korallenbestände schienen nicht nur gefährdet, sondern verloren.

Zweieinhalb Jahre verbrachte Le Berre zunächst damit, Korallen auf Betonkugeln mit Löchern zu transplantieren und die Ergebnisse zu beobachten. Das Resultat war ernüchternd: »Es funktionierte einfach nicht«, erklärt er. »Die Kugeln waren unglaublich schwer, was die Logistik extrem kompliziert machte.« Schlimmer noch: »Die Korallen wuchsen kaum.« Aus der Langzeitbeobachtung seines scheiternden Projekts entwickelte er das Konzept der stabilen, aber vergleichsweise leichten Stahlrahmen, auf die Korallensand geklebt wird. »Klar war, wir suchten etwas Leichteres. Am besten eine sehr schmale Struktur, sodass Stecknadelkopf-Seeigel, die gerne junge Korallen fressen, nicht daran hochklettern. Und damit die Korallen wachsen würden, brauchten wir mehr Wasserbewegung.« Leicht herzustellen und zu transportieren sind die Rahmen außerdem.

»Wir haben bewiesen, dass es möglich ist, Korallen erfolgreich zu transplantieren«, erklärt Thomas Le Berre. Tausendfünfhundert Rahmen, auf denen mehr als vierzig Korallenarten leben, liegen mittlerweile vor den Resorts auf Kuda Huraa und Landaa Giraavaru. Die Überlebensrate der transplantierten Korallen liegt bei achtzig Prozent. Außer der Wiederaufforstung unter Wasser sorgen die künstlichen Riffe dafür, dass Badeurlauber in unmittelbarer Nähe zum Strand eine farbenfrohe Unterwasserwelt erleben können. Seamarc berät mittlerweile auch andere Resorts beim Anlegen künstlicher Riffe.

Auch die neuen Korallenbänke sind indessen Gefahren ausgesetzt. Die Korallenbleiche stellt eine permanente Bedrohung dar. Doch die Riffgärtner sind vorbereitet. Wird das Wasser in der flachen Lagune zu warm – und das geschieht zum Zeitpunkt des Wechsels der Monsunwinde im Mai mit unschöner Regelmäßigkeit –, können sie die Gitter aus dem Wasser heben und am Hausriff im kühleren Wasser versenken. »Ein bis zwei Stunden können die Korallen an der Luft überleben«, erklärt Charlotte Hawley, eine Meeresbiologin aus Neuseeland, die in der Riffgärtnerei beschäftigt ist. »Sie geben dann sogar eine Art Sonnenschutz ab, der zwar ziemlich übel riecht, aber uns die Zeit gibt, sie umzusiedeln.« Ein Kraftakt bleibt der Umzug dennoch für alle Beteiligten: Wenn die Korallen eine gewisse Größe erreicht haben, sind die Gitter ganz schön schwer.

Die Koralle Acropora austera, die die japanische Urlauberin heute auf ihren Rahmen transplantiert hat, wächst mit zwei Zentimetern pro Monat recht rasant. Verschiedene andere Arten von Steinkorallen, die ein mittleres bis rasches Wachstumstempo vorlegen, werden ebenfalls erfolgreich transplantiert und sorgen für eine gewisse Artenvielfalt am jungen Riff. »Schnelles Wachstum ist wichtig, weil die Insel so am besten vor Erosion geschützt wird«, erklärt Thomas Le Berre. Andere Arten werden transplantiert, um gezielt besonders gefährdete Fischarten wie den Rippen-Falterfisch anzulocken und so den Bestand zu erhöhen. Denn wenn sie hier reichlich Nahrung finden, bleiben sie und pflanzen sich fort. Ein weiteres Kriterium ist die Anpassungsfähigkeit einer Korallenart an höhere Wassertemperaturen. Le Berre hofft, dass künstliche Riffe es einstmals mit der globalen Erderwärmung aufnehmen können. »Sollte es dann noch einmal zu einer massiven Erwärmung kommen wie 1998, würden diese Arten überleben, und die Auswirkungen auf den Fischbestand und das gesamte ökologische Gleichgewicht wären weniger dramatisch.«

Die japanische Spenderin des Rahmens kann das Wohlergehen ihres kleinen Stückchens Riff nach dem Urlaub im Internet weiterverfolgen. In den Tagen nach der Wasserung wird ein Foto aufgenommen und online gestellt. Sind die Korallen angewachsen, wird auch das Plastikband entfernt. In regelmäßigen Abständen werden alle Rahmen fotografiert. Die Bilder dienen in erster Linie der wissenschaftlichen Beobachtung. Zugleich haben die »Besitzer« durch die Fotos die Möglichkeit, die Entwicklung ihrer Korallen am heimischen Bildschirm zu verfolgen. Was nicht selten zu weiteren Spenden motiviert. Die Rahmen, die es in drei verschiedenen Größen gibt, kosten zwischen hundertfünfzig und fünfhundert US-Dollar – für die Gäste eines Resorts dieser Preiskategorie also kaum mehr als ein Abendessen oder ein Nachmittag im Spa. Und weil sie die Rahmen vom Schnorcheln bereits kennen, verlässt mittlerweile kaum noch ein Hochzeitspaar und kaum eine Familie die Insel, ohne vorher rasch einen Korallenrahmen gestiftet zu haben. Außer den Riffen in Strandnähe ist ein weiteres entstanden, dessen Silhouette der Zeichen Yin und Yang auf Google Earth gut zu erkennen ist.

Diese Möglichkeit der ökologischen Abbitte ist nicht ausschließlich auf Landaa Giraavaru und dem Schwesterresort auf Kuda Huraa im Nord-Malé-Atoll zu finden. Auf Angsana Ihuru im Nord-Malé-Atoll etwa ist ein von den Gästen des Banyan Tree gesponserter und vom Resort betreuter Korallengarten entstanden – neben diversen anderen Projekten der Gruppe zum Schutz von Riffhaien, Meeresschildkröten und anderen maritimen Opfern menschlicher Eingriffe ins natürliche Gleichgewicht der Insel- und Unterwasserwelt. Hier werden abgebrochene Korallen mittels kleiner Kugeln aus Beton an toten Korallen im Ozean befestigt. Nach einigen Stunden hat sich der Baustoff erhärtet, sodass die Strömung die Korallen nicht davonspülen kann. Damit der Beton sich schnell verfestigt, wird nur während der trockeneren Monate transplantiert, wenn das Meer ruhiger ist. Eine Erfolgsquote von siebzig Prozent und niedrige Kosten sprechen für die allerdings arbeitsintensive Transplantationsmethode – und der Aufwand wiederum für die Einbindung der

Gäste, die schließlich nicht den ganzen Tag im Spa vertrödeln müssen.

Außerdem forschen die Meeresbiologen im hauseigenen »Maldives Marine Lab« des Banyan Tree an Möglichkeiten, das Wachstum von Korallen zu beschleunigen, um schnellere Erfolge bei der Regenerierung der Riffe nach Korallenbleichen zu erzielen. Den Schutz der Riffe hat man sich schon in der Planungsphase zur Aufgabe gemacht. Hier wie auch auf anderen Resort-Inseln der Gruppe wurden beim Bau der Anlagen vorgefertigte Bauelemente auf kleinen Booten, die sich über die flachen Riffe navigieren ließen, zur Insel transportiert. So wurden erst gar keine Schneisen in die Riffe rund um die Inseln gebrochen. Am Hausriff des Schwesterresorts auf Vabbinfaru wurde den Korallen nach der schweren Bleiche 1998 mittels Biorock-Technologie auf die Sprünge geholfen. Bei diesem Verfahren wird durch Elektrolyse Meerwasser chemisch aufgespalten und auf im Ozean versenkten Stahlgestellen ein dem Stahlbeton ähnliches Material hergestellt. Er wächst wenige Zentimeter pro Jahr und stellt einen idealen Boden für transplantierte Korallen dar, die auf das neue Umfeld mit raschem Wachstum reagieren.

Entwickelt wurde die patentierte Biorock-Technologie von dem deutschen Architekten und Erfinder Wolf Hilbertz (1938–2007) und dem jamaikanischen Meeresbiologen Tom Goreau, der 1990 die Global Coral Reef Alliance zur Rettung beschädigter Riffe gegründet hat. Auch andere Anrainer tropischer Meere haben mit dem Verfahren, das sich aus Hilbertz' Suche nach alternativen Baustoffen entwickelte, gute Erfahrungen gemacht.

Die Umsetzung wissenschaftlicher Forschung auch einer breiten Öffentlichkeit zu überlassen, trägt der Tatsache Rechnung, dass die Rettung der Riffe ein universelles Anliegen ist. Werden die Urlauber in Rettungsversuche einbezogen, identifizieren sie sich mit der Sache. Wer eigenhändig Korallen transplantiert hat, wird beim nächsten Tauchgang kaum eine abbrechen. Umgekehrt ist die Tourismusindustrie auf die Rettung des Ökosystems angewiesen. So schön es für den Heimkehrer ist, »seinem« Stückchen Riff daheim am Bildschirm beim Wachsen zuzuschauen, so wichtig ist es für die Resorts, die Riffe zu erhalten. Denn die zahlungskräftigen Touristen würden kaum in Scharen anreisen, um auf einer aufgeschütteten Insel ohne Unterwasserpanoramen den ganzen Tag auf der Massagebank zu liegen.

Auf Landaa Giraavaru und Kuda Huraa werden die gesponserten Korallenrahmen auf Wunsch mit dem Namen ihrer Besitzer versehen. Die Schilder, die andere Urlauber beim Schnorcheln lesen und die Welt im Internet, vermitteln den Eignern ein angenehmes Gefühl von Unsterblichkeit. Wer lieber anonym bleibt, erhält eine Nummer, die am Rahmen befestigt wird und anhand derer der Spender sein Gitter identifizieren und das Wachstum darauf beobachten kann.

Thomas Le Berre hat unterdessen neue Pläne

gefasst. Nächstes Ziel ist die Transplantation von Weichkorallen, die in Indonesien bereits praktiziert wird. Und wenn er eines Tages mal sehr viel Zeit hat, will er ein Lehrbuch für Dhivehi verfassen, um anpassungswilligen Ausländern den Zugang zur Sprache des Inselreichs zu vereinfachen. Ob das fragile ökologische System der Malediven – und somit das ganze Land – langfristig zu retten ist, wagt auch Thomas Le Berre nicht zu prognostizieren. Nur eines stehe fest: »Wenn die Korallen wegen der Erwärmung des Wassers nicht wachsen und gleichzeitig der Meeresspiegel ansteigt, haben wir ein ernsthaftes Problem.«

Massage im Monsunregen

Und Kokosöl aus der Cowrie-Muschel: Wellness auf Maledivisch bedeutet exotische Ingredienzien und Spa-Betten mit Meerblick

Schon die Anreise ist Einstimmung. Denn auf die Spa-Insel Hura Fundhu gelangt man nur per Boot. Und zwar stilecht mit dem hölzernen *Dhoni*: Eintauchen in eine andere Welt. »Inseln der vielen Kokospalmen« bedeutet der Name der einzigen Spa-Insel der Malediven, die das Resort auf Kuda Huraa im Nord-Malé-Atoll sein Eigen nennt. Wichtiger noch als die Palmen sind hier die sieben Pavillons, die auf dem Wasser zu schweben scheinen. Denn unter ihren mit Palmenstroh gedeckten Dächern verbinden sich traditionelle Heilverfahren des Inselreichs im Indischen Ozean mit Hightech-Wellness zum »Sea Escape« – und zum maledivischen Monsun-Ritual. Unter anderem.

Auf den Sandwegen zwischen den Pavillons huschen Einsiedlerkrebse umher. Die Sonne sinkt, man reicht mir Ingwertee.

Wie der Monsun, die halbjährlich wechselnde Luftströmung, die im Sommer feuchtwarme Luft über den Indischen Ozean zum Subkontinent transportiert und mit starken Regenfällen einhergeht, soll die folgende Behandlung meine Haut mit Feuchtigkeit sättigen, verspricht man mir. Und weil sich der

Mensch im Wasser wohlfühlt, soll sie nicht nur auf den Körper, sondern auch auf die Gemütsverfassung positiv wirken. Die ist zwar im Moment ohnehin recht gut, aber das bedeutet schließlich nicht, dass sich die Lebensfreude nicht noch steigern ließe.

Man könnte sich natürlich fragen, ob man auf einer Malediveninsel wirklich sein letztes Geld ins Spa tragen muss, um sich wohlzufühlen. Schließlich ist das Leben hier auch im Liegestuhl besser zu ertragen als an vielen anderen Orten. Die Spa-Manager der Resorts haben sich diese Frage ebenfalls gestellt und eine sinnige Antwort gefunden: Die Behandlung im Spa, so argumentieren sie, vertiefe die Erfahrung des Landes mit allen Sinnen. Mit schwedischer oder Thai-Massage ist es in diesen Wohlfühlzentren nämlich nicht getan. Hier werden Wege gefunden, das Land und seine Reichtümer in Körperpackungen, Facials und sonstige Pflegemaßnahmen zu übersetzen; der Gast soll die Kostbarkeiten des Inselreichs riechen und spüren. Der hat seinerseits entschieden, dass ein Resort ohne Spa heute eigentlich nicht mehr vorstellbar ist. Auf Iru Fushi im Noonu-Atoll hat dieser Vorgabe folgend unlängst ein zwanzig separate Behandlungspavillons zählendes Spa eröffnet. So groß sind anderswo ganze Hotels.

Auf der Spa-Insel Hura Fundhu gehören zum Wohlfühlen so exotische Maßnahmen wie ein zwei Tage dauerndes Ritual mit dem verführerischen Namen »Verzaubertes Riff – Eine Reise zur Gelassenheit«. Packungen und Peelings werden dabei von tibetanischen Gesangsgefäßen, Atemübungen und Flammenmeditation flankiert. Zu dieser preisgekrönten Anwendung fehlen mir neben der Zeit vor allem die Mittel; außerdem ist mir Tibet zu weit weg. Und so beginnt mein Anwendungsreigen mit einem wohlriechenden Peeling aus gemahlenem Sandelholz. *Kela Gana* heißt es auf Dhivehi. Mit Rücksicht auf die in der Regel nur eingeschränkt sprachkundigen Gäste folgen alle weiteren Erläuterungen auf Englisch: Das Sandelholz-Peeling befreie den Körper von abgestorbenen Hautschuppen, glätte somit die Haut und mache sie bereit für den Monsunregen, so erfahre ich. Der schüttet sich hier nicht aus wie ein tropisches Unwetter, sondern rieselt sanft aus den sieben Köpfen der Vichy-Dusche – wie sacht fallende Regentropfen, die den Körper beleben und den Geist entspannen. Richtung und Intensität der Regenfälle kontrolliert die Therapeutin so, dass der Kreislauf angeregt wird. Der Effekt ist der einer leichten Ganzkörpermassage, die mit den Wohlbefinden spendenden Eigenschaften des warmen Wassers verbunden wird. Trockene Haut soll die Dusche annehmen wie die Erde einen kräftigen Monsunregen, der abschließende Guss aus Rosenwasser erfrischen und beleben.

Die horizontale Vichy-Dusche hat eine ähnlich lange Anreise hinter sich wie ich: Als therapeutische Meerwassermassage und als Remineralisierungsbehandlung ist sie auch in gemäßigten Klimazonen bekannt. Ihren Ursprung hat sie im französischen

Vichy, das ihr auch den Namen gegeben hat. Ansonsten aber ist hier alles anders. Insbesondere das Wasser.

Der Blick nach vorn zeigt türkisfarbenes Meer. Als ich bäuchlings auf die Behandlungsliege sinke, schaue ich durch eine im Boden eingelassene Glasplatte ins glasklare Wasser. Ein Seestern schaut zurück, ein Trompetenfisch zieht durchs Bild. Die Hauptattraktion der Inseln – ihre Unterwasserwelt – ist eben zu schön, um auch nur minutenlang unbeachtet zu bleiben. Schon deshalb muss ich mir versagen, während der Massage einzuschlafen.

Die traditionelle Heilkunst der Malediven basiert auf der Annahme, dass Krankheiten ebenso wie mangelhaftes Wohlbefinden aus einem Ungleichgewicht der Kräfte im Körper resultieren. Die müssen wieder in die Balance gebracht werden. Dieses innere Gleichgewicht ist in Anlehnung an jene traditionellen Vorstellungen auch das Ziel des Monsun-Rituals. Es sei so konzipiert, dass entspannende und belebende Wirkung sich die Waage halten – und der Gast sich anschließend im Reinen mit sich und der Welt befinde, so hat es mir die Therapeutin erklärt.

Sie setzt das Monsun-Ritual mit einer leichten Massage mit warmem Kräuteröl fort. Ziel ist, den Körper zu entgiften, ihn mit Geist und Seele in Einklang zu bringen und den Energiefluss zu aktivieren. Abschließend schickt sie mich ins entspannende Dampfbad, das mich in nahezu meditativer Stimmung zurücklässt. Körper, Geist,

Welt und ich – ist eben doch alles eines, denke ich schläfrig. Ich fühle mich wie ein liebevoll betreuter Säugling. Zum guten Schluss werde ich mit einer Lotion aus Sandelholz und Weihrauch gesalbt und von diesem wunderbaren Duft annähernd ins Leben zurückgeholt. Nach gut zwei Stunden verlasse ich als rundum erneuerter (und um zweihundertzwanzig US-Dollar ärmerer) Mensch die Spa-Insel.

Auch anderswo konzentriert sich die Wellness-Kultur, die das Inselreich für seine Besucher ersonnen hat, auf die heilenden Kräfte des Ozeans und seine Reichtümer. Unterstützt wird sie durch Kräuter und Gewürze, die Seefahrer aus Indien, Sri Lanka und Afrika herbrachten: Sandelholz, Weihrauch, schwarzer Pfeffer und Basilikum. Anderes ist schon da: Kokosnüsse und alles, was sich aus ihnen gewinnen lässt. Im eineinhalb Flugstunden weiter südlich gelegenen Spa auf Villingili will man mir mit Kokosöl, das im Addu-Atoll hergestellt wird, zu neuer Kraft verhelfen. Das Öl wird aus Cowrie-Muscheln, im Landesidiom *Kandu Boli* genannt, auf den Körper geträufelt und einmassiert.

Einstmals waren die Malediven Hauptlieferant für die schimmernden, eiförmigen Muscheln, die in zahlreichen afrikanischen Ländern am Indischen Ozean als Zahlungsmittel verwendet wurden. Das hatte bereits Tradition: Schon vor mehr als dreitausend Jahren zahlten die Menschen in China mit Cowrie-Muscheln. Auf den Malediven wurde das Geld quasi aus dem Wasser gezogen und weiterverkauft. Ein lukratives Geschäft, das aber schließlich aus der Mode kam – wiewohl die Muscheln bis heute gesammelt werden. Als Dekorationsobjekte sind sie nach wie vor beliebt; außerdem finden sie in der traditionellen indischen Medizin Verwendung. Und auf Villingili im Wellness-Bereich. Die Weiternutzung der einstigen Geldstücke fürs körperliche Wohlbefinden ist indessen nicht das Einzige, was dieses Spa ungewöhnlich macht. Es liegt auch auf dem höchsten Punkt der Malediven. 2,3 Meter sind allerdings kein Grund, Bergschuhe und Steigeisen auszupacken. Doch auf den Inseln, denen das Wasser zunehmend bis zum Hals steht, ist auch der weltweit niedrigste höchste Punkt eines Landes ein Grund zum Feiern.

Meine Therapeutin Wulan stammt aus Java und hat zuvor auf Bali in einem Resort in Nusa Dua gearbeitet. Auch ihre Brüder – beide Künstler – leben auf Bali. Sie reicht mir Ingwertee mit Honig, bevor sie ein Fußbad anrichtet, in das sie ein paar Blütenblätter gibt. Fürsorglich schrubbelt sie meine Füße, dann bittet sie aufs Massagebett. Schon wird es anspruchsvoll: »Atmen Sie dreimal tief ein und begeben Sie sich in die Zeitlosigkeit«, fordert Wulan mit sanfter Stimme. Dann hält sie Muscheln an meine Ohren. Der Ozean, dessen Brecher draußen an die maledivische Steilküste schlagen, braust nun auch in meinem Kopf.

Ein sanfter Sopran erfüllt den kleinen Behandlungsraum: Wulan singt mir ein maledivisches Schlaflied. Wie unendlich peinlich wäre es, nun loszukichern. Nicht, dass Wulan nicht einwandfrei den Ton hielte. Doch die Absurdität der Situation ist wie geschaffen für einen unkontrollierbaren Lachkrampf. Ich versuche, mich auch hier wie ein umsorgtes Baby zu fühlen. Dazu gehören nun einmal Schlaflieder. Zum Glück beginnt der handfeste Teil der Anwendung. Öl träufelt, Muscheln kneten meinen Körper. Sie fühlen sich nicht mal sonderlich anders an als Hände. Vielleicht bin ich aber auch nur zu schnell weggedöst. Schließlich legt Wulan mir heiße und kalte Tücher in den Nacken und lässt eine Gesichts- und Kopfmassage folgen. Längst bin ich zu entspannt für hysterische Lachanfälle. Ich weiß: Wulan ist eine Künstlerin, wie ihre Brüder. Und überhaupt, was könnte angenehmer sein, als ganzkörperlich einzutauchen in die Tropenwelt. Wenn es sein muss, auch mit Schlaflied.

Unter Wasser

Auf Hai-Safari: Auge in Auge mit Rochen und Raubfischen

Links unter meinen Füßen bewegt sich etwas. Es ist grau, zielstrebig und hat schwarze Tupfen an den Flossenenden. Einen Moment lang zucke ich zusammen: ein Hai. Aber nur ein ganz kleiner, ungefähr armlang. Außerdem stehe ich unter meiner Dusche recht sicher. Zwar bietet sie Meerblick, aber sie liegt für Meeresgetier definitiv unerreichbar über der Wasseroberfläche. Was also macht den Hai zu einem so zuverlässigen Herzschlagbeschleuniger? Einen Teil seiner Wirkung bezieht er noch immer aus einem PR-Desaster: dem Hollywood-Klassiker um das weiße Riesenungeheuer, dessen von bedrohlichen Tubaklängen und dramatischen Blutwolken begleiteten Auftritte unter Luftmatratzen und an den Füßen ahnungslos Planschender das Publikum ewiges Gruseln lehrten. Womöglich aber teilen Menschen auch die instinktive Angst, die Fische dazu bringt, sich mit hektischen Flossenschlägen in Sicherheit zu bringen, wenn ein Hai naht. Diese aufgeregte Aktivität im Wasser ist oft der erste Hinweis auf das Auftauchen des Raubfischs. Und sie ist nachvollziehbar. Während andere Fische scheinbar ziel- und offensichtlich harmlos durchs Wasser gleiten, ist der starr blickende Hai ganz offensichtlich in jedem Augenblick Herr seiner Wege. So zügig und zweckgebunden bewegen sich ansonsten nur Raubkatzen auf der Jagd. Das macht andere Lebewesen ziemlich wach.

Ein wenig später sehe ich vom Steg aus ein deutlich größeres Exemplar der Spezies. Dieser Riffhai ist fast zwei Meter lang, scheint lustlos zu blicken und trödelt unter den Wasserbungalows herum, bis ihm anscheinend etwas einfällt. Er schießt davon. So viel zur These, dass vor allem Babyhaie ins flache Wasser kommen, wo sie sich vor größeren Angreifern sicher fühlen. Und natürlich erhöht sich das Haiaufkommen in meinem Leben ausgerechnet an dem Tag drastisch, an dem ich nachmittags zur Hai-Safari angemeldet bin. Aus dem ewigen Zwiespalt zwischen Neugier und mild hysterischen Ängsten ist einmal mehr die Grusellust siegreich hervorgegangen. Dabei verbirgt sich hinter dem aufregenden Titel einer »Shark Safari« eigentlich ein normaler Schnorchelausflug. Mit dem Unterschied, dass am Hausriff von Bandos, einer der ältesten Resort-Inseln im Nord-Malé-Atoll, besonders viele Haie heimisch sind. Somit stehen die Chancen auf Begegnungen besonders gut. Auch sonst ist dieses Riff außergewöhnlich schön. Obwohl es hier durch die 1998 von El Niño verursachte Wassererwärmung zu extremer Korallenbleiche kam, wachsen die Korallen, die sich seither neu entwickelt haben, gesund und üppig. Dabei schätzt man, dass es noch weitere zehn bis fünfzehn Jahre dauern wird, bis sich das Riff vollständig erholt haben wird.

Riffhaie gelten als völlig ungefährlich. Zumindest, solange man sie nicht in grotesker Weise provoziert. Dennoch werden jedes Jahr weltweit hundert Millionen Exemplare getötet – um ihrer Flossen willen. Denn Haifischflossensuppe gehört zu den Eckpfeilern der chinesischen Küche. Sie gilt als besonders gesund und ist als kostspielige Delikatesse zugleich Statussymbol. Somit sind die Tiere, die als Inhaber einer Spitzenposition innerhalb der Nahrungskette zentrale Bedeutung für das Gleichgewicht der Unterwasserwelt haben, vom Aussterben bedroht. Als erstes Land in der Region hat die Republik der Malediven daher 2009 die Hai-Jagd in ihren Gewässern unter Strafe gestellt. Allerdings ist der Handel mit Haien und aus ihnen hergestellten Produkten einschlägigen Bemühungen zum Trotz nicht verboten.

Die Population von Riffhaien im Nord-Malé-Atoll ist recht groß. In dieser für hiesige Verhältnisse dicht besiedelten Gegend mit entsprechend lebhaftem Schiffsverkehr profitieren die Haie sichtlich vom Jagdverbot: Es würde einfach sehr auffallen, zöge man in diesem Gebiet einen Hai an Land.

Auch Walhaie stehen wie alle ihre Verwandten bereits seit 1982 unter Schutz. Dieser größte bekannte Fisch der Erde ist im Indischen Ozean nur auf den Malediven ganzjährig anzutreffen. Der in jeder Hinsicht eindrucksvolle Meeresbewohner kann über hundert Jahre alt werden, tausendfünfhundert Meter tief tauchen und mehr als sechzehn Meter lang werden. Sein Fleckenmuster ist so individuell wie ein menschlicher Fingerabdruck – was seine Beobachtung erleichtert. Als Inhaber der größten Haifischflosse überhaupt bringt er in Orten wie Hongkong leider auch Spitzenpreise. Dreißigtausend amerikanische Dollar ist sie auf dem dortigen Markt wert. Der Walhai selbst ist indessen von besonderer Harmlosigkeit: Er lebt von Plankton und winzigen Lebewesen, die er mit seinem Riesenmaul aus dem Wasser filtert.

Walhaien kann man beim Schnorcheln oder Tauchen begegnen, wenn sie sich zur Zeit der Planktonblüte zwischen Juni und Oktober etwa in der Hanifaru Bay am östlichen Rand des Baa-Atolls aufhalten. Wenn die Monsumströmungen wechseln, ist die Konzentration von Plankton im Wasser besonders hoch und lockt zahlreiche Walhaie und viele der rund zehntausend Mantarochen, die in den Gewässern heimisch sind. Die Rochen – manchmal zwanzig, manchmal bis zu hundert – formieren sich in langen Reihen, um an der Wasseroberfläche Nahrung aufzunehmen. Lässt sich dann noch ein Walhai sehen, wird Schnorcheln nie mehr besser sein. Allerdings sind die Ausflüge in dieses im Jahr 2009 unter Schutz gestellte Gebiet mittlerweile so beliebt, dass nicht selten mehr Menschen als Rochen im Wasser sind. Zahlreiche Ausflugsboote und die Präsenz von bisweilen aufdringlichen Schnorchlern und Tauchern werden sich zur Gefahr für die Tiere entwickeln, falls der Publikumsverkehr nicht doch in nächster Zeit reglementiert wird: durch die Begrenzung von Booten und Besuchern und das Verbot, Boote bis in die Bucht zu steuern. Diese Vorschläge sind von Umweltschutzorganisationen ebenso wie von in der Nähe gelegenen Resorts vorgelegt worden. Eine Entscheidung lässt indessen auf sich warten.

Schon aus eigenem Interesse sollte man den Giganten mit Zurückhaltung begegnen. Kommt man einem Walhai zu nahe, riskiert man, ihn zum Rückzug zu bewegen. Und wer dabei von seiner Schwanzflosse getroffen wird, kann sich leicht fühlen, als wäre er gerade mit einem beschleunigenden Mittelklassewagen kollidiert.

Der Walhai steht bei unserer Hai-Safari nicht auf dem Programm. Für seine nicht vegetarischen Cousins vom Riff geben die Guides uns nur eine Verhaltensregel mit auf den Weg: Wir sollen den Haien nicht folgen, wenn wir denn welche sehen, erklären Nooma und Charlotte. Nicht weil das die Tiere verstimmen oder in Angriffslust versetzen könnte, sondern weil sie sowieso schneller sind als wir.

Nooma springt ins Wasser, um die Strömungsverhältnisse zu prüfen. Als wir ihm nach und nach folgen, ist er bereits dreißig Meter voraus und winkt aufgeregt. Wir schwimmen in seine Richtung an der Riffkante entlang. Die Aussicht ist grandios: Mindestens dreißig Meter tief fällt das Riff ab, um uns herum bewegen sich Schwärme großer Doktor- und Papageienfische. Weit unter uns zieht ein großer Schwarzspitzenriffhai vorbei. Er ignoriert die zappelnden Flossen über sich so souverän, dass sich alle Vorbehalte in nichts auflösen. Völlig unnötig war es, dass ich im Boot über Löwen und Antilopen nachdachte und mich erinnerte, dass Raubkatzen stets am Außenrand einer Herde Jagderfolg haben: wo sich jene Tiere bewegen, die nicht nur aufgrund von hohem Alter oder großer Jugend langsamer sind als die anderen, sondern auch am leichtesten zu erreichen. Doch es scheint keinen Grund zu geben, sich aus Sicherheitsgründen in der Mitte unseres Grüppchens zu halten – obwohl Nooma und Charlotte uns immer wieder auf graue Silhouetten aufmerksam machen, die wir selbst womöglich sogar übersehen würden. So farbenfroh sind die orangeweißen maledivischen Clownfische an den Seeanemonen, die Halfter- und Kaiserfische, die um uns durchs sonnenhelle Wasser schwärmen. Und so unauffällig sind die Riffhaie trotz bester Sichtverhältnisse. Wir sehen kleinere Haie und solche von respektablen Ausmaßen. Einige schwimmen weit unter uns, andere neben uns auf dem Riff, keine zwei Meter unter der Wasseroberfläche. Keiner aber macht Anstalten, sich in unsere Richtung zu begeben oder uns auch nur zur Kenntnis zu nehmen. Sie nehmen uns hin als Teil des Universums – und wir sie auch. Mit dem einzigen Unterschied, dass wir doch recht beeindruckt sind von den großen Raubfischen, die majestätisch durchs Wasser gleiten, gänzlich versunken in ihrer eigenen Welt.

»Noch nie in meinem Leben habe ich so viele Haie gesehen«, erklärt Nooma nach dem Schnorcheltrip im Boot. »Bei dreiundzwanzig habe ich aufgehört zu zählen.« Uns fehlte der geübte Blick: Wir mussten alle etwa bei zehn aufhören. Fast noch eindrucksvoller als der Anblick der Haie ist indessen die Erkenntnis, dass die mutmaßlichen Ungeheuer ganz anderes im Sinn haben, als sich für Schnorchler oder Schwimmer zu interessieren. Riffhaie sind tatsächlich nicht bedrohlich. Zum Fürchten ist eher der Mensch.

Der Untergang

Einmal ist es schon passiert: Am 26. Dezember 2004 versanken die Malediven im Meer

Sanjiv tippt auf das Display seines Handys. »Hier, die haben wir heute bekommen«, sagt er und reicht mir das Telefon. Zu sehen ist eine Tsunami-Warnung für sämtliche Anrainerstaaten des Pazifischen Ozeans. »Ist zum Glück ganz weit weg«, sagt der Hotelmanager. »Aber früher haben wir solche Warnungen nie bekommen. Jetzt kommt fast jede Woche eine.«

Früher bedeutet: vor dem verheerenden Tsunami, der am zweiten Weihnachtstag des Jahres 2004 an den Ufern des Indischen Ozeans fast dreihunderttausend Menschen – etwa ein Drittel davon Kinder – in den Tod riss. Bis zu diesem Tag hatte niemand in Südostasien etwas auch nur annähernd Vergleichbares erlebt. Auch die Wissenschaftler wurden von der Katastrophe überrascht. Während der Pazifik seinen Beinamen des »Stillen Ozeans« völlig zu Unrecht trägt und immer wieder von Monsterwellen aufgewühlt wird, galt der Indische Ozean als nicht gefährdet. So gab es auch kein Warnsystem für dieses Meer. Und so wurde keiner der Menschen an seinen Ufern auf die Gefahr eines Tsunamis hingewiesen, als am 26. Dezember 2004 ein Beben der Stärke 9,1 den

Meeresboden vor der indonesischen Insel Sumatra erschütterte. Und das, obschon mit Ausnahme der Küstenbewohner der indonesischen Provinz Aceh, die in unmittelbarer Nähe des Epizentrums lag und wo zwischen Beben und Wellen nur fünfzehn Minuten lagen, sehr viele Menschen Zeit gehabt hätten, sich in Sicherheit zu bringen.

Auch auf den Malediven trifft die Katastrophe die Menschen unvorbereitet. Dabei sind die Küsten Südwestthailands und Sri Lankas bereits zerstört, als die Tsunami-Wellen drei Stunden und zwanzig Minuten nach dem Seebeben auf die Atolle treffen. Dennoch kommen die Inseln verhältnismäßig glimpflich davon. Hundertzwanzig Menschen werden durch die Flut getötet. Mehr als zehntausend Malediver verlieren ihre Häuser.

Weil Atollinseln senkrecht aus dem Wasser ragen, bauen sich vor ihnen keine Riesenwellen auf wie an flach ansteigenden Ufern. Die vorgelagerten Korallenriffe dämpfen außerdem die Wucht des Wassers. So steigt der Meeresspiegel dramatisch an – ähnlich wie bei einer starken Springflut. Allerdings gibt es auf den Malediven keine Erhöhungen, auf die man sich retten könnte, weshalb auch eine Woge von einem bis drei Metern Höhe apokalyptische Wirkung haben kann. Das schnelle, unaufhaltsame Ansteigen des Wasserspiegels ist auf einer flachen Atollinsel kaum weniger furchterregend als eine heranstürmende Wasserwand.

»Es war furchtbar«, sagt eine junge Frau, die zum Zeitpunkt des Tsunamis auf einer Resort-

Insel im Nord-Malé-Atoll in der Telefonzentrale arbeitete. »Ich saß im Büro und hatte zunächst überhaupt nichts mitbekommen. Plötzlich rief eine Frau an und sagte, ihr Zimmer sei überflutet, jemand müsse sie herausholen. Bevor ich antworten konnte, war die Leitung unterbrochen.« Schon ein paar Minuten später drang das Wasser bis ins Hauptgebäude vor. Die Menschen klammerten sich an Gebäudeteilen und Palmenstämmen fest. »Das Wasser stieg an und blieb stehen. Dann stieg es weiter an und blieb für ein paar Stunden.« Die Strömung war stark, das Wasser, schlammig und trüb, hatte nichts mit dem Meer zu tun, das man kannte. Schließlich sank es wieder. In der Nacht kam die Warnung vor einem weiteren Tsunami – die sich glücklicherweise als falsch herausstellte.

»Die dritte Welle hat die Insel ganz überspült«, erzählt Armando Kraenzlin. Der Schweizer war 2004 General Manager des Resorts auf Kuda Huraa, das durch den Tsunami zerstört wurde – wie fast ein Drittel der Hotelanlagen der Malediven. Ein Riesenglück habe man gehabt, dass niemand auf der Insel zu Schaden kam. Eine Urlauberin erzählte ihm später, wie ihre beiden kleinen Kinder auf dem Bett spielten, als das Wasser ins Zimmer flutete. Wie die Welle die Matratze mit den Kindern darauf anhob, während sie sich hilflos an einem Balken festklammerte. Und wie die Matratze auf dem Wasser trieb, bevor sie mit ihm wieder sank. Den Kindern geschah nichts. Die Hotelanlage war jedoch ein Trümmerfeld. Das Wasser hatte Türen und Fenster der Gebäude eingedrückt und die Einrichtung davongetragen. Stühle, Tische, herausgerissene Bretter, Koffer, Kleider und Tauchausrüstungen trieben über die Insel. Zurück blieben Schlamm, Schutt – und Angst.

»Ich habe noch lange emotional reagiert, wenn ich auf den Tsunami angesprochen wurde oder plötzlich wieder daran dachte«, sagt Armando Kraenzlin. Es sollten Jahre vergehen, bis das Trauma bewältigt war. Da war das Resort längst wieder aufgebaut, der Tourismus neu erblüht. Die Beschäftigten, von denen viele nie zuvor die Malediven verlassen hatten, wurden während des Wiederaufbaus in anderen Hotels der Gruppe untergebracht. Bald nach der Flut fanden sie sich in den Weinbergen der Provence oder einen Steinwurf vom Central Park in New York wieder. So entkamen sie nach dem Wasser auch der Arbeitslosigkeit, die vielen Bewohnern der vom Tsunami betroffenen Länder weitere, wirtschaftliche Not brachte.

Razzaq Didi arbeitete 2004 auf der lang gezogenen Insel Kuramathi im kleinen Rasdhoo-Atoll. »Ich stand am Strand, als das Wasser immer weiter anstieg«, erinnert er sich. Dann zog es sich zurück. »Bis die Lagune leer war! Wir waren geschockt. Die Korallen lagen frei. Wir hatten so etwas noch nie gesehen.« Angestellte und Gäste fürchteten, dass die nächste Welle noch stärker sein würde als die erste. Aber hier fiel sie schwächer aus. Die östlichen Inseln waren stärker vom Tsunami betroffen als die westlich gelegenen. Razzaqs Heimatinsel wurde erheblich zerstört. Sein Haus steht dort nur fünf Meter vom Strand entfernt – durchaus sinnvoll für eine Familie, die über Generationen vom Fischfang lebte. »Die Welle wusch durchs Haus und nahm unseren Fernseher, den Computer und alle Möbel mit«, erinnert er sich. Seiner Familie geschah nichts. »Die Sachen kann man neu kaufen«, sagt er und zuckt mit den Achseln. »Unersetzlich sind nur die Menschen.«

Auch in anderen Atollen beobachteten Bewohner und Besucher mit einer Mischung aus Entsetzen und Faszination, wie sich die Lagunen leerten, der Sog des zurückweichenden Meeres die Korallenbänke entblößte und kurz darauf das Wasser mit Macht zurückströmte. Die östlichen Inseln schützten die westlichen vor dem von Osten herandrängenden Wasser. Während das Meer hier oftmals nur den Strand überflutete, riss es auf den exponierteren Inseln ganze Häuser mit sich – oder Teile der Küste. Drei Inseln sollen durch die Gewalt der Wellen für immer verschwunden sein.

Auf Malé stand das Wasser in den meisten Straßen einen knappen Meter hoch. Hulhule, die Flughafeninsel, wurde für kurze Zeit völlig überspült, der Wasserflughafen zerstört. Passagiere, die gerade gelandet waren, zog die Welle aus dem Terminalgebäude. Wie durch ein Wunder wurden dabei nur wenige Menschen verletzt. Urlauber, von denen viele eben erst aus Europa angekommen waren, Reiseleiter und Flughafenangestellte sammelten sich auf der Start- und Landebahn, wo das Wasser immerhin noch Schienbeinhöhe erreichte – und ringsum nirgends Land zu sehen war.

Schon am nächsten Tag wurde der Flugbetrieb eingeschränkt wieder aufgenommen und die Urlauber von den zerstörten Hotelinseln ausgeflogen. Die Beschäftigten der Resorts verbrachten die Tage nach der Flut, als die Kommunikation zwischen den Inseln und mit den benachbarten Ländern kaum möglich war, indessen in quälender Ungewissheit über das Schicksal von Familie und Freunden auf ihren Heimatinseln oder zu Hause in Indien, Sri Lanka und Indonesien.

Eine Flut, die Küsten verwüstet und Kinder aus den Armen ihrer Eltern reißt, ist gut geeignet, ein kollektives Trauma auszulösen. Auch wer an diesem Tag in Europa sicher unterm Weihnachtsbaum saß, mochte das Meer künftig anders betrachten als vor der Katastrophe. Viele Urlauber, die den Tsunami miterlebten und mit dem Schrecken davonkamen, wollten nicht mehr auf die Malediven zurückkehren. Andere waren gleich im Jahr darauf wieder da. Die Einheimischen hatten keine andere Wahl, als sich mit der Angst vor dem Meer zu arrangieren. »So etwas passiert wohl nur einmal in hundert Jahren«, sagt Razzaq. »Aber wir wissen auch, dass es in Indonesien viele Erdbeben gibt.«

Baumhaus oder Wasservilla

Schöner schlafen: Betten zum Träumen

Die unangenehme Nachricht zuerst: Fast alle Unterkünfte auf den Malediven sind teuer. Mittlerweile. In den Frühtagen des maledivischen Tourismus in den siebziger Jahren gingen die Planer vieler Resorts noch davon aus, dass eine Kulisse aus Sonne, Palmenstrand und Meer genug des Luxus sei. Wer braucht schließlich einen Pool, wenn das Meer da vorne spiegelglatt liegt und warm ist wie ein Wannenbad im Winter. Außerdem kamen sowieso hauptsächlich Taucher und Sonnenanbeter. Die einen gingen dreimal pro Tag unter Wasser, die anderen waren zufrieden, sich ab und zu auf der Liege umzudrehen.

Die All-Inclusive-Anlagen im Drei- und Vier-Sterne-Bereich sind immer noch da, ebenso wie die Spezialisten: Hotels, die sich ganz auf Surfer oder Taucher konzentrieren. Heute aber denkt man bei der Planung neuer Hotels am liebsten an Gäste mit soliden Ressourcen: Leute, die abends schmerzfrei die zweite Flasche Wein bestellen und es sich auch leisten können, bei Verspannungen jeden Tag aufs Massagebett im Spa zu sinken. Für zweitausend Euro kann man eine Nacht auf den Inseln verbringen oder auch eine Woche. Wesentlich günstiger wird es nicht. Wer das Besondere sucht, kann dafür in diversen Resorts der Luxusklasse die Megasuite für fünfzehntausend Dollar pro Nacht buchen.

Mit solchen Inseln, solchen Stränden, solchen Tauch- und Schnorchelgründen kann man sich eben vieles erlauben. Neben der Preispolitik zum Beispiel eigenwillige Beschneidungen der elementaren Bedürfnisse vieler Gäste. So denken sich die Tourismusplaner auf Male: Ihr blassen Fremden wollt euch zuschütten auf unseren schönen, reinen Inseln? Könnt ihr machen. Aber nur in euren Resorts, die euch dafür zwölf bis fünfzehn US-Dollar pro Glas Wein abknöpfen, zuzüglich Steuern. Uns bleibt mit dem Zeug vom Leib. Wenn ihr es im Koffer einschleppt, packen wir es am Flughafen bei der Einreise gleich wieder aus. Keine Sorge, eure Whisky- und Wodkaflaschen stellen wir gut weg. Wenn es nach Hause geht, könnt ihr sie wieder mitnehmen. Das ist die zweite schlechte Nachricht.

Eine gute gibt es aber auch. Die Preise funktionieren hier zwar wie überall sonst als Filter. Der soll dafür sorgen, dass der Tourismus so übersichtlich bleibt, dass seine schädlichen Auswirkungen sich in relativen Grenzen halten. Bei gleichem wirtschaftlichen Nutzen, wohlgemerkt. Eine Gratwanderung, von der man zwar hoffen kann, dass sie einigermaßen funktioniert – aber zugleich das Gegenteil befürchten muss. Geld hat seinen eigenen Magnetismus, und die Zahl der Inseln, die in den nächsten Jahren für den Tourismus erschlossen werden sollen, lässt die ursprünglich angedachte Zurückhaltung kaum mehr erkennen.

Dennoch hat man sich als Urlauber schließlich mit allem abgefunden: Für den Alkohol ist ein Sonderbudget in der Haushaltsplanung locker gemacht. Das schlechte Gewissen, sich ausgerechnet in dem wehrlosen Land, dem das Wasser bis zum Hals steht, am ökologischen und soziokulturellen Unglücksfall Tourismus zu beteiligen, ruht an einem wenig besuchten Rand des Bewusstseins. Zeit also, sich Problemen der Luxusklasse zu stellen. Wo schlafen? Und vor allem: Wie? Wer Robinson-Feeling sucht, braucht eine kleine Insel. Idealerweise liegt sie ein wenig abseits, vielleicht in einem entlegeneren Atoll. Rund um Malé befindet sich auf nahezu jeder Insel ein Resort. Hotelinseln in Sichtweite sind kontraproduktiv, wenn man sich gestrandet fühlen möchte. Wer hingegen viel Abwechslung braucht, ist mit einer großen Insel gut bedient. Ist das Wassersportangebot ausgeschöpft, bleibt hier immer noch eine Menge Platz für meditative Strandspaziergänge.

Der Klassiker im maledivischen Urlaubsrepertoire ist die Wasservilla, die auf Stelzen in der Lagune ruht und neben einer kühlenden Brise selbst während der größten Hitze des Tages auch Meerblick nach allen Seiten bietet: Sinnbild des Traumes von Sonne, Wärme, Meer und Luxus. Meist erreicht man sie über einen hölzernen Steg, manchmal auch nur per Boot. Unterwegs sieht man links und rechts bunte Fische durchs Wasser wirbeln, vielleicht einen kleinen Rochen oder einen jugendlichen Hai vorüberziehen. Und im Schlafgemach erlaubt vielleicht sogar eine in den Boden eingelassene Glasplatte visuelle Schnorchelerlebnisse bei voller Bekleidung.

Über ein paar Stufen an der Terrasse lässt man sich ins Meer sinken. Das ist allerdings nicht immer so ruhig, wie es aussieht. Nicht selten verbirgt sich gezeitenbedingt eine recht starke Strömung unter der glatten Wasseroberfläche, und schneller, als einem lieb ist, sieht man die Villa entschwinden. Also: Besser erst einmal gut am Geländer festhalten und die Strömungsverhältnisse testen. Selbst wenn das Wasser bei Ebbe nur bis zur Hüfte reicht, kann ihm watend nur entfliehen, wer Badeschuhe trägt. Die am Meeresboden herumliegenden toten Korallen haben scharfe Kanten. Zwei Wege führen dann aus dem Wasser: die helfende Hand eines besser beschuhten Mitmenschen. Oder die eigenständige Rettung, die allerdings Nerven erfordert. Dabei lässt man sich kampflos aus der Lagune ziehen, um jenseits des Riffs auf die Inselrückseite zu schwimmen. So riet es mir einst der General Manager eines Resorts, als ich ihm empört von meinem gefühlten Nahtoderlebnis am Fuß eines seiner exponiertesten Wasserbungalows berichtete.

Überhaupt ist man dort draußen den Elementen sehr nahe. Ergießt sich in der Nacht ein tropisches Unwetter über Insel und Lagune, rüttelt der Wind an allen Wänden, und das Rauschen von

Regen und Meer verbindet sich zu einer Klangkulisse, die den Gedanken an die Wassermassen ringsum bedrückend machen kann. Dennoch gibt es Orte, die schlechter geeignet sind, ein Glas kalten Weißweins zum Sonnenuntergang zu nehmen, als das Aussichtsdeck einer Wasservilla im Indischen Ozean.

Die Alternativen sind indessen auch nicht übel. Ein Strandhäuschen mit schönem Palmenblätterdach, landestypisch geschwungenem Giebel und geschnitzten Holzverkleidungen ist ästhetisch kaum weniger ansprechend, suggeriert dazu Schutz vor den Elementen und bietet außerdem den Vorzug, dass man sich darin fühlen kann wie ein Gestrandeter. Einer allerdings, für den ein ganzes Geschwader Personal die Rolle von Freitag übernimmt. Morgens tritt der Beach-Robinson aus der Tür und legt ein paar Meter im weichen Sand zurück, bis er die Zehen ins warme Wasser taucht. Auch muss man hier nicht fürchten, beim abendlichen Heimweg aus dem Restaurant jäh ins Wasser zu stürzen – womöglich gleich mit dem ganzen Buggy, den ein Mitglied des Personals steuert, um den Gast vor Auszehrung in Folge eigenständiger Bewegung zu bewahren. Die Stege zwischen den Wasservillen sind zwar beleuchtet, aber doch recht schmal.

Weil die Erscheinungsformen des Urlauberlebens auf den Malediven nicht unendlich sind, sind Planer und Architekten gefordert, den Rahmen für Sonne, Sand und Meer innerhalb der an örtlichen

Traditionen orientierten Bauvorschriften so variabel wie möglich zu gestalten. Dabei hat man sich zuletzt häufiger auf eine neue Variante eingelassen: das Baumhaus. In der Regel ruht es zwar nicht im Wipfel eines Baumes, sondern auf Stelzen aus Materialien von maßvoller Romantik wie etwa Beton. Doch diese stehen an Land und inmitten üppiger Vegetation, die den Eindruck vermitteln kann, man befände sich hier selbst in einer Baumkrone. Die Terrasse in der ersten Etage ermöglicht die Begegnung mit Flughunden auf Augenhöhe.

Die Vorzüge sind offensichtlich: erhöhter Meerblick bei gleichzeitigem Sichtschutz vor den Mitmenschen und anderen Erinnerungen an die Realität. Schließlich geht es um nichts Geringeres als die perfekt inszenierte Flucht vor der Wirklichkeit. Auch wenn (oder gerade weil) man dieses Gut in keinen Schrank stellen kann, lässt sich damit eine Menge Geld verdienen. Exklusivität und Originalität der Auszeit aus dem Alltag ist vielen Urlaubern sehr viel wert. Das bequeme Riesenbett des Baumhauses, sein Plunge-Pool und die Außendusche, die sich scheinbar inmitten wilder Natur befinden, sind auch in anderen Weltengegenden für viele Reisende der Inbegriff des Luxus.

Ob man an Land, in der Baumkrone oder auf dem Wasser fünfundzwanzig oder hundertachtzig Quadratmeter Wohnfläche benötigt, ist eine Frage der Wünsche und Mittel. Weil man aber auf den Malediven abends nicht einfach mal auswärts essen kann und eine Menge Zeit in seiner Behausung verbringt, ist es wichtig, bei der Buchung alles richtig zu machen. Das abendliche Entertainment erschöpft sich auf den meisten Inseln im Auftritt einer lokalen Band (und auch das mancherorts nur einmal pro Woche) und dem Absacker an der Bar. Allenfalls hilft die Natur aus, wenn sich eine Schildkröte zum Legen ihrer Eier an Land schleppt oder im Wasser Meeresleuchttierchen glühen. Früh wird es Nacht im Paradies, und alles verschwindet in seine Zimmer. Hochzeitsreisende und Taucher teilen die Angewohnheit, sich zeitig zurückzuziehen. Spätestens um zweiundzwanzig Uhr sind auf der typischen Resort-Insel nur noch die Geräusche des Dschungels zu hören.

Wer es ein wenig lebhafter mag, kann Zuflucht im Club suchen. Allerdings geht es sogar dort ein wenig gemäßigter zu als in den Bespaßungsanlagen anderer Urlaubslandschaften der Welt. Wummernde Bässe, schreiende Animateure und Ganztagsaktivität passen beinahe ebenso wenig hierher wie Junggesellenabschiede oder Team-Building-Events von Firmen. Die Malediven sind zur Romantik verurteilt.

Barfuß auf »Bildodi«

Im Plansch- und Buddelparadies: Wie das Inselreich Kinder verzaubert

Mein Sohn spielt mit einem Modellflugzeug. Mit ausgestrecktem Arm lässt es das Spielzeug aufsteigen und sinken. Offensichtlich ist eine Langstrecke zu bedienen. »Wohin fliegt denn dein Flugzeug?« – »Nach Bildodi.« – So geht das seit gut eineinhalb Jahren. Einiges haben wir dem Knaben zu bieten versucht: Kindgerechte Städtetrips, abwechslungsreiche Urlaubsreisen. Doch hätte er die Wahl, würde es dreimal im Jahr auf die Malediven gehen. Oder vielmehr: nach »Bildodi«. So hatte er unsere Insel aus unerfindlichen Gründen getauft.

Trotz seiner Jugend hatte sich der Knabe bereits einen gewissen Überblick über die Welt verschafft. Dann kam die Reise, die seine Werteskala langfristig veränderte: eine Woche auf »Bildodi«. Ohnehin hatte es ihm Asien zu diesem Zeitpunkt bereits angetan. Thailand und Bali erfreuten sich bester Bewertungen durch den jungen Reisenden. Freundliche Temperaturen und der besonders herzliche Umgang der Menschen in Südost- und Südasien mit Kindern hatten das günstige Urteil erwirkt. Denn die Kleinen werden dort nicht als die Gäste von morgen umworben, sondern um ihrer selbst willen geliebt.

Insgesamt scheint man in der Region besonders liebevoll mit dem Nachwuchs umzugehen – mit dem anderer Leute genauso wie mit dem eigenen. Nie ist zu hören, dass Kinder ausgeschimpft oder angeschrien würden. Auch jene lautstarken Machtkämpfe, in deren Verlauf westliche Eltern bisweilen auch in aller Öffentlichkeit die Contenance verlieren, scheinen hier unbekannt. Überhaupt wirken südasiatische Eltern recht gefasst. Auf den bewohnten Inseln planschen Kinder stundenlang in den Lagunen. Meist beaufsichtigen sie dabei einander; Erwachsene sind nicht zugegen. Es scheint niemanden zu beunruhigen.

Accessoires wie Kinderwagen braucht auf den Malediven natürlich kein Mensch. Das liegt außer an der Überschaubarkeit der Strecken, die in den Inseldörfern zurückzulegen sind, vor allem daran, dass hier niemand etwas Wichtigeres zu tragen hat als sein jüngstes Kind. Das zuletzt geborene Familienmitglied betrachtet die Welt von den Hüften von Eltern, Onkel, Tanten und Großeltern aus. Das war schon immer so.

Ein wenig können auch die Fremden von den örtlichen Gepflogenheiten profitieren. Wer hier urlaubt, braucht keinen Babysitter. Wohin man sich auch begibt, stets sind die Kleinen von freundlichen Menschen umlagert, die sie zu amüsieren trachten.

Von unserer bevorstehenden Malediven-Reise hatten wir schon länger gesprochen. Mein Sohn freute sich sehr auf »Bildodi«. Und schon bei der

Ankunft ahnen wir, dass die Realität seine Erwartungen womöglich noch übertreffen wird. Denn die Piloten des Wasserflugzeugs, mit dem wir unsere Insel im Baa-Atoll erreichen, fliegen mit nackten Füßen. Das ist ein Knüller. Dass man auch auf unserer Insel überall barfuß geht, gefällt dem Knaben noch besser: eine ganze Woche ohne Schuhe!

Nach der Landung treibt er uns an, unverzüglich mit der Erkundung der Insel zu beginnen. Sie ist voller Wunder. Da sind zum Beispiel die hölzernen Bottiche mit Wasser vor jedem Gebäude. Aus ihnen ragen Kellen, von denen die Eltern behaupten, sie dienten nur dem Abspülen sandiger Füße. Es ist kaum zu fassen: Allgemein zugängliche Regentonnen vor jedem Haus, dazu Planschwerkzeug zur Selbstbedienung.

Das Tollste aber sind das warme Wasser in der Lagune und der wunderbar weiche Sand, der niemals heiß wird. Bessere Bedingungen zum Planschen und Spielen kann es kaum geben – zumal an Land keinerlei giftiges Viehzeug den Frieden stört. Die Insel ist ruhig und naturorientiert. Mancher würde sagen: Hier ist nichts los. Das Kind aber buddelt, staunt über frisch geschlüpfte Babyschildkröten am Strand und füttert Geckos mit imaginärem Pudding. Überhaupt, diese Tiere: Flughunde, die mit dem Kopf nach unten an Ästen hängen, geben immer wieder aufs Neue Anlass zu Begeisterung. Und als einmal ein riesiger Schwarm fast durchsichtiger Fische unmittelbar am Ufer das türkisfarben leuchtende Wasser verdunkelt, betrachtet mein Sohn zwanzig Minuten lang die Fische, die zu Hunderten durcheinanderwirbeln.

Auch das Resort ist einfach großartig. Saavath, der sechsundzwanzigjährige Kellner, der aussieht wie ein junger Filmstar aus Bollywood, faltet aus Papier Fische, Vögel und Boote. Sein Kollege Rasheed erzählt von seinen beiden Kindern, vier und sieben Jahre alt, die auf einer anderen Insel leben. Die Trennung von der Familie ist der Preis, den fast alle im Tourismus beschäftigten Malediver für ihren Job zahlen. Für die Kinder im Resort malt Rasheed Bilder – zwischen den Gängen, die er serviert. Die Besatzung der Rezeption will unser Sohn am liebsten gleich einkassieren, was ihm dann trotz der willkommenen Aufmerksamkeit ein bisschen unheimlich ist. Durch kein Lächeln und Locken lässt er sich erweichen, der Mannschaft an der Rezeption Gesellschaft zu leisten.

Noch immer spricht mein Sohn viel von »Bildodi«. »Da müssen wir bald wieder hin«, sagt er oft. »Ja«, antworte ich dann und seufze ein wenig. »Da muss Mama aber noch viel schreiben …«

Das Häusermeer

Die womöglich am dichtesten besiedelte Hauptstadt der Welt bewahrt zwischen ihren gedrängten Fassaden auch die Geschichte der Malediven

Gelb, rosa, hellblau. In zarten Farben erhebt sich ein Meer von Häusern aus dem Ozean. Kein Strand, keine Steilküste trennt die Brandung vom Beton, keine Grün- oder unbebauten Flächen sind auf der Insel zu sehen. Malé, eine der kleinsten Hauptstädte der Welt, hat keinen Platz zu verschenken. Im Gegenteil.

Sogar am Flughafen, wo die Urlauber in die Speedboote umsteigen, die sie auf ihre Inseln bringen, oder in den Bus klettern, der sie zum nahen Wasserflughafen bringt, ist das Meer nahe. Es sieht so klar aus, leuchtet in so verführerischem Türkis, dass man gleich die Füße hineinhalten möchte. Doch Malé ist für die meisten Gäste nur der allerletzte Halt auf dem langen Weg ins Urlaubsdomizil.

Zwischen den Anlegern der Resort-Boote macht indessen auch die Fähre fest, die die Flughafeninsel mit Malé verbindet. Einen Dollar kostet die Passage. Die Überfahrt dauert nur wenige Minuten. Die Passagiere steigen aus, Kisten und ein paar Koffer werden ausgeladen. Auf der Uferstraße tost der Verkehr: Schwärme von Mopeds knattern umher, zwischen ihnen arbeiten sich Autos voran. Sechstausend Autos sind auf Males Straßen unterwegs, hinzu kommen die ungezählten Mopeds und Motorräder der hundertfünfzigtausend Hauptstadtbewohner. Zusammen bildet dieser Fahrzeugpark eine Geräuschkulisse, die einer Kapitale würdig ist – auch wenn die gerade mal tausendsiebenhundert mal neunhundert Meter misst. Sie macht es sehr schwer vorstellbar, dass sich hier vor ein paar Jahrzehnten noch niemand schneller fortbewegte, als es die tropische Hitze Fußgängern erlaubt. Und wenn man sich durch Straßen schiebt, deren Fußgängeraufkommen an den letzten Verkaufstag vor Weihnachten in einer westlichen Hauptstadt erinnert, blickt man mit ein wenig Wehmut auf diese Zeit zurück.

Malé ist klein, und Malé ist voll. Um die Lage ein wenig zu entspannen, wurde auf einer nahe gelegenen Sandbank die Insel Hulhumale aufgeschüttet. Fünftausend Malediver leben dort bereits auf knapp zwei Quadratkilometern, ihre Zahl soll sich in den nächsten Jahren verzehnfachen. Doch alles spielt sich auf Malé ab: Politik, Verwaltung, Geschäftsleben, Markttreiben.

Ein paar Männer haben Frachtgüter vom Flughafen abgeholt, andere sind nach der Arbeit auf dem Weg nach Hause. Einige Frauen sind tief verschleiert, andere tragen T-Shirts, Hosen und Flipflops. Für die maledivischen Frauen ist der Schleier freiwillig. Bis vor einigen Jahren war Verschleierung sogar nahezu unbekannt. »Meine Tochter trägt keinen Schleier«, sagt Mr. Didi, der im Häusermeer für eine Reiseagentur arbeitet und heute Gästen die Hauptstadt zeigt. Er sagt es mit sehr entschiedener Stimme. Dass sie unverschleiert durchs Leben geht, bereitet ihm keinerlei Kopfzerbrechen, denn: »Ich habe ihr beigebracht, was richtig ist und was falsch.«

Dennoch ist auch schwarze Ganzkörperverhüllung kein exotischer Anblick mehr auf Malé. Präsident Nasheed hat es zwar geschafft, seinen Amtsvorgänger Gayoom abzulösen. Aber nicht alleine. Er musste die islamische Partei an der Regierungsbildung beteiligen. Die hat ihren Einfluss genutzt, um für eine fundamentalistische Auslegung der Staatsreligion zu werben. Den Wunsch nach einem Ministerium für islamische Angelegenheiten konnte sich der Koalitionspartner auch gleich erfüllen.

Die meisten Gäste interessieren sich mehr für den Präsidenten, der den Klimawandel und seine Folgen zu einer Frage der nationalen Sicherheit erklärt hat, als für das Islamische Zentrum. Mr. Didi mahnt sie zur Geduld – alles hänge hier schließlich miteinander zusammen. Im Islamischen Zentrum verbergen sich außer dem Ministerium auch eine Bibliothek, ein Konferenzzentrum und vor allem die Moschee mit ihrer goldenen Kuppel und dem einundvierzig Meter hohen Minarett. Die Moschee ist erst seit 1984 das spirituelle Zentrum Malés. Die alte Freitagsmoschee Hukuru Miskiiy und ihr Minarett liegen – wie eigentlich alles auf der Hauptstadtinsel – nur wenige Schritte entfernt. Klein und unauffällig ist dieses Bauwerk, das Sultan Iskander I. in der zweiten Hälfte des siebzehnten Jahrhunderts errichten ließ, im Vergleich zum neuen Islamischen Zentrum. Der Sultan selbst konnte sich nicht lange an seiner Moschee erfreuen: 1687 wurde er von einer Sklavin aus seinem Harem vergiftet, die fortan lieber selbst das Zepter schwang.

Wie aus der Zeit gefallen wirkt der benachbarte Friedhof. Hinter seinen niedrigen Mauern erheben sich die verwitterten Grabsteine von Mitgliedern vergangener Sultansdynastien. Oben abgerundete Steine stehen auf den Gräbern von Frauen, spitz zulaufende auf denen von männlichen Mitgliedern des Hofes. Der Friedhof der untergegangenen Herrscher ist ein eigenartiger Anblick inmitten dieser lärmenden, kleinen, betriebigen, ungeheuer modern wirkenden Hauptstadt mit ihren Werbetafeln und dem unaufhörlichen Motorengeknatter. Es ist, als müsste sie sich selbst an eine Vergangenheit erinnern, die ihr viel ferner gerückt ist, als die Zahl der verflossenen Jahre es vermuten ließ.

Mr. Didi zeigt seinen Gästen den Medhu-Ziyaaraiy-Schrein, der an Abu al-Barakat Yusuf al-Barbari erinnert, eine der wichtigsten Figuren in der Geschichte der Malediven. Er war es, der die Insulaner im Jahr 1153 zum Islam bekehrte.

Ein Sprung in die Gegenwart führt zu Mohamed Nasheeds nur wenige Schritte vom Meer entfernten Regierungssitz – deutlich bescheidener als der Präsidentenpalast seines Vorgängers, der nun Bibliothek ist – und seiner Residenz. Farbenfroh liegt sie in einem von tropischen Blumen überwucherten Garten. Mr. Didi nutzt die Gelegenheit, seinen Gefühlen Luft zu machen. »Die Fassade ist schön, die Rückseite schmutzig«, schimpft er und meint nicht die schmucke Villa des Präsidenten. Nasheed erzähle Lügen, räsoniert er, und werde eine Menge Geld brauchen, um wiedergewählt zu werden.

Seine Unmutsäußerungen beweisen nicht zuletzt die Funktionstüchtigkeit der jungen Demokratie. Über Nasheeds Amtsvorgänger hätte Mr. Didi sich vor Wildfremden weniger frei geäußert. Zugleich zeigen sie, wie gespalten das Land ist. Gayoom war nicht unbeliebt, Nasheed muss seine Versprechen erst noch erfüllen. Weil das dauert und viele Malediver vor allem wegen steigender Lebensmittelpreise finanzielle Not leiden, hat die Hauptstadt mittlerweile sogar Demonstrationen erlebt.

Mr. Didi, der vom Addu-Atoll stammt, aber die vergangenen fünfunddreißig Jahre auf Malé verbracht hat, zeigt den Gästen den Gerichtshof und das Justizministerium. Beides befindet sich im ehemaligen Präsidentenpalast. Nasheed sei der aber zu erinnerungsschwer und zu groß gewesen. »Wir sind ein kleines Land, aber was Scheidungen angeht, sind wie die Nummer eins in der Welt«, verkündet er nicht ohne Stolz und erläutert die Konsequenzen der vielen affektischen Scheidungen: Der Exehemann muss seiner Frau Unterhalt zahlen, bis eine Schwangerschaft seiner Geschiedenen auszuschließen ist. Für die Kinder muss er aufkommen, bis sie achtzehn Jahre alt sind. Gibt es keine Kinder, zahlt der Exmann nur drei Monate Unterhalt – bis eine Schwangerschaft auszuschließen ist.

Auch Didi ist in zweiter Ehe verheiratet. Auf Malé will er nur noch bleiben, bis seine Tochter ihr Studium abgeschlossen hat. Auf Feydhoo hat er nicht nur Verwandte, sondern auch ein Haus. Er freut sich schon darauf, wieder fischen zu gehen und abends am Strand zu grillen. »Hier auf Malé kann man nicht viel machen.« Einen Strand gibt es zwar, doch der ist künstlich aufgeschüttet und mit den Stränden der anderen Inseln kaum zu vergleichen – ebenso wenig wie die Atmosphäre auf Malé, die gegensätzlicher zum beschaulichen Leben auf den übrigen bewohnten Inseln kaum sein könnte. Obwohl Malé sich nicht nur wegen der übersichtlichen Größe von anderen Metropolen unterscheidet, sondern auch dadurch, dass die Insel trocken ist. Es gibt zwar Cafés und Restaurants, aber nicht eine einzige Dose Bier in der Hauptstadt. Zumindest nicht auf den Tresen – ein Schwarzmarkt existiert, seine Preise sind horrend. Urlauber sind schon deshalb kaum geneigt, länger als die paar Stunden zu bleiben, die eine ausgedehnte Besichtigungstour erfordert. Weil Malé aber die besten Bildungsangebote des Landes und seit Kurzem auch seine einzige Universität besitzt, bewegt sich ein unendlicher Strom maledivischer Familien in Richtung Hauptstadt. Lieber kommen Eltern und jüngere Geschwister gleich mit, als dass man die Kinder im Teenageralter zu Freunden oder Verwandten schickt.

Gerade hat die Mangozeit begonnen. Auf dem Markt im alten Basarviertel werden die womöglich süßesten Früchte der südlichen Hemisphäre verkauft. An Pfosten hängen Stauden winziger Bananen, ebenfalls süß und überaus wohlschmeckend. Erstaunlicherweise wird auf den Malediven mit ihrer extrem übersichtlichen Landmasse tatsächlich Obst angebaut. Was nicht von den Inseln stammt, kommt aus Indien und Sri Lanka. Die meisten anderen Lebensmittel werden importiert – aus Malaysia und Singapur, aber auch aus Europa. Unmittelbar am *Dhoni*-Hafen liegt die Fischhalle. In ihrem Schatten liegt der Fang des Tages auf den Fliesen, dahinter sitzen Fischer auf Kisten und umgedrehten Eimern und rauchen. Ein Stück weiter wird die Leibspeise der Malediver verkauft: Trockenfisch.

Es sind die Gassen dieses Viertels, in denen das Leben der Malediver sich am wenigsten verändert zu haben scheint. Dabei reicht die Geschichte ihres Landes viel weiter zurück als in die prätouristischen Tage, in denen Malé autofrei war und die Insel im Wesentlichen aus grünem Palmenwald und blendend weißen Korallensteinhäusern bestand, die sich in den schmalen Gassen des Basarviertels erhoben. Bevor die Malediver zum Islam bekehrt wurden, waren sie Buddhisten – und Seefahrer, die Kontakte zu den Nachbarstaaten pflegten.

Blitzblank, eisgekühlt und menschenleer liegt das Nationalmuseum in der grellen Mittagssonne.

Das von der Volksrepublik China gestiftete Gebäude bewahrt auf zwei Etagen, die sich um ein gewaltiges marmornes Treppenhaus erstrecken, die Geschichte der Malediven seit der späten Antike. Trotz des keimfreien Ambientes sind die Geister der Vergangenheit hier deutlich zu hören.

Ohne Schutz durch Glas oder Vitrine ruht ein Buddha aus Korallenstein auf seinem Sockel, der aus der Zeit zwischen dem 6. und dem 8. Jahrhundert nach Christus datiert und auf Mundoo im Hadhdhunmathi-Atoll gefunden wurde. Der Kopf eines Buddhas, der 1958 auf der Insel Thodoo im Nord-Ari-Atoll gefunden wurde, belegt, dass die buddhistische Vergangenheit der Malediven auf den Inseln selbst nicht in Vergessenheit geraten war.

Es war eher der Rest der Welt, der sich eine längere Historie der Inseln schwer vorstellen konnte. 1983 veranlasste die Regierung in Zusammenarbeit mit dem Kon-Tiki-Museum in Oslo Ausgrabungen auf der Insel Nilandhoo im Faafu-Atoll, einer der bedeutendsten archäologischen Stätten der Malediven. Geleitet wurde die Expedition von keinem Geringeren als Thor Heyerdahl (1914–2002), der unter anderem durch das legendäre Experiment einer Querung des Pazifischen Ozeans mit einem selbst gebauten Floß von Südamerika nach Polynesien zu Weltruhm gelangt war. Damit hatte er bewiesen, dass die Besiedelung der polynesischen Inseln von Südamerika aus möglich gewesen war. Auf den Malediven ging es ihm um die

Geschichte der Inseln vor der Islamisierung. Seine Funde auf Nilandhoo bewiesen, dass die Inseln bereits rund sechshundert Jahre vor der Ankunft des Islams bewohnt waren – von Buddhisten aus Indien, aber womöglich auch von Hinduisten und Sonnenverehrern. Neben Funden aus dem 8. Jahrhundert nach Christus fanden Heyerdahl und sein Team auch Miniatur-Stupas, die noch etwa zweihundert Jahre älter waren. Alles war überwuchert, aber keinesfalls vergessen. Die Norweger, die sich auch auf anderen Atollen umschauten, fragten zunächst einfach die ältesten Bewohner der Inseln, ob im Dschungel im Inselinneren irgendwelche Ruinen verborgen lägen. Nicht selten fiel die Antwort positiv aus. So fanden sie Pyramiden, Skulpturen, Stupas und Münzen aus vorislamischer Zeit. Heyerdahl verewigte das Abenteuer und die Schlüsse, die er daraus zog, in seinem Buch »Fua Mulaku: Reise zu den vergessenen Kulturen der Malediven«.

Viele der Funde sind im Nationalmuseum zu sehen. Eine liegende Löwenfigur, die zwischen dem 6. und dem 8. Jahrhundert aus Kalkstein geformt wurde, fanden die Norweger auf der Insel Gan – ein häufig vergebener Inselname – im Gaafu-Dhaalu-Atoll. Aber auch Ergebnisse anderer Ausgrabungen sowie reine Zufallsfunde gehören zu den Exponaten. Eine Schildkröte aus Korallenstein, die zwischen dem 6. und dem 8. Jahrhundert gefertigt wurde, birgt in ihrem Bauch Platz für Reliquien. Wo sie gefunden wurde, weiß niemand mehr. Auf Malé wurde ein

Kopf aus Korallenstein entdeckt. Riesig sind die Augen, breitlippig lächelt der Mund. Seine Geschichte verrät er nicht.

Vom Prunk der Hofhaltungen späterer Sultane erzählen die Exponate, die in der ersten Etage des Museums großzügig unter dem Titel »Zeitgenössische Sammlung« zusammengefasst sind. Sultansgewänder aus Seide, üppig bestickte Tuniken in Purpur und Gold, glitzernde, bestickte Schuhe und funkelnde Säbel und Dolche sehen aus wie aus einem Märchen aus Tausendundeiner Nacht – und stammen aus dem 19. und 20. Jahrhundert.

Der Thron samt Fußbank des Sultans Summuwuul Ameer Abdul Majeed Rannaban, der gewählt wurde, aber auf dem relativ schlichten grün gepolsterten Sitz aus schwarzem Holz nicht Platz nehmen sollte, datiert ebenfalls bereits aus dem 20. Jahrhundert. Er zeugt von der Ära ab 1932, als die Engländer auf Errichtung einer Wahlmonarchie gedrängt hatten. Vor allem wohl, weil sie die innere Souveränität der Malediven nicht antasteten, hatten die Engländer noch am ehesten Erfolg bei dem Bemühen, das Inselreich zu kolonisieren. Portugal war im 16. Jahrhundert grandios an der Aufgabe gescheitert, die Insulaner in züchtige Kleidung zu stecken – immer wieder hatten sich im Laufe der Zeit Besucher aus Übersee verstört über die bloßen Oberkörper von weiblichen wie männlichen Insulanern gezeigt – und, wichtiger noch, ihnen die Segnungen des Christentums nahezubringen. Fünfzehn Jahre lang dauerte das portugiesische

Intermezzo, bis die Eroberer nach zähem Kampf unter Führung von Muhammad Thakurufaan 1573 von Malé vertrieben wurden. Hundert Jahre später erklärten die Niederlande die Inseln zum sogenannten Schutzgebiet. Auch sie mischten sich nicht in die inneren Angelegenheiten ein, verloren die Inseln jedoch mit Sri Lanka Ende des 18. Jahrhunderts an die Briten. 1965 erlangten die Malediven als vollwertige Mitglieder des Commonwealth, das sie drei Jahre später verlassen und dem sie 1985 neuerlich beitreten sollten, die Unabhängigkeit.

Das Nationalmuseum versucht gar nicht erst, diese Wechselfälle darzustellen oder gar zu kommentieren – es archiviert nur mehr ihre materiellen Zeugen. Die maritime Sammlung vereint das Skelett eines im Januar 2000 im Vaavu-Atoll gestrandeten Wals, eingelegte Fische sowie wunderschöne, offen herumliegende Muscheln. An einer Wand der zeitgenössischen Abteilung liegt jenes Dokument hinter Glas, das den Malediven im Herbst des Jahres 2009 weltweite mediale Aufmerksamkeit bescherte: das von dreizehn Kabinettsmitgliedern in der Lagune der Insel Girifushi in Tauchanzügen und mit wasserfesten Stiften unterschriebene »SOS von der Frontlinie«. Die Politiker nahmen an einem von zwei maledivischen Flaggen flankierten Tisch unter Wasser Platz, um ihre Unterschrift zu leisten.

»Der Klimawechsel findet statt und er bedroht die Rechte und die Sicherheit jedes Menschen auf der Erde«, heißt es auf der weißen Plastiktafel.

»Wenn sich das globale Klima um weniger als ein Grad erwärmt, schmelzen die Gletscher, brechen Eisplatten auseinander und die niedrig liegenden Regionen der Welt drohen überschwemmt zu werden. Wir müssen eine weltweite Anstrengung unternehmen, um einen weiteren Anstieg der Temperaturen zu verhindern, indem wir den Ausstoß von Kohlenmonoxid auf ein sicheres Maß von dreihundertfünfzig Teilen pro Million reduzieren.« So hat es das Kabinett der Malediven am 17. Oktober 2009 gefordert. Vernehmlich brummt die Klimaanlage im menschenleeren Nationalmuseum. Im Foyer wartet Mr. Didi, der denselben Namen trägt wie eine mehr als zweihundert Jahre regierende Dynastie von Herrschern der Malediven. Er tritt nach draußen in die Mittagshitze. Als wir uns zum Meer wenden, deutet er auf ein großes Schiff, das am Horizont zu sehen ist. »Es holt Sand vom Meeresgrund, der auf den Inseln aufgeschüttet wird.«

Nichts kann uns schockieren

Die Gäste kommen: Von furchtlosen Nichtschwimmern, adeligen Stubenhockern und Lebenskünstlern in den allerbesten Jahren

Über München, Klagenfurt, Zagreb, Mazedonien, die Westtürkei, Zypern, Beirut, Jordanien, Saudi-Arabien, Dubai, den Oman und das Arabische Meer fliegen wir den Malediven entgegen. Der vom Kapitän versprochene »Flug ins Paradies« sorgt indessen nicht überall für gleichermaßen erwartungsfrohe Stimmung. Ein Passagier vertreibt sich die Zeit damit, unentwegt mit seiner Frau zu streiten. Mal verteidigt sie sich, als er brüllt, sie habe versäumt, ihm ein Getränk zu bestellen, mal versucht sie abzuwiegeln. Er buchstabiert sich durch die *Bild-Zeitung*, um zwischendurch gut gelaunt herumzuschreien und sich über den Service an Bord zu beschweren. »Ich bin im Urlaub!«, brüllt er. »Ich will mich nicht ärgern!« Man möchte seiner Frau zur Scheidung gleich auf den Inseln raten, schließlich ist die in dem muslimischen Land formlos möglich und schnell erledigt. Doch bald ist festzustellen, dass das Paar einen in dreißig Jahren eingespielten Umgang miteinander pflegt, den womöglich keiner der beiden missen möchte. Schön, dass sie von Malé aus noch weiter fliegen, bis nach Gan im Addu-Atoll. Weiter südlich liegt nur noch sehr viel Wasser und schließlich die Antarktis. Jenseits des Hotels Equator Village wird kaum jemand das Gebrüll des Cholerikers aus Deutschland hören.

Zum Glück ist der hässliche Deutsche kein häufiger Gast auf den Malediven. Im internationalen Kreis von Russen, Engländern, Chinesen, Japanern und Italienern gebärden sich die Deutschen nicht auffälliger als andere. Malediven-Urlauber sind unabhängig von der Staatsangehörigkeit Menschen, die keine Angst vorm Alleinsein mit Sozialpartner oder Familie haben. Sie können Ruhe aushalten und auch süßes Nichtstun ertragen. Zumindest wenn es nach ein, zwei Tagen gelungen ist, die Adrenalinzufuhr auf ein Maß abzusenken, das den tropischen Temperaturen entspricht. Bis dahin lesen manche noch beim Frühstück im Schatten einer Palme auf dem iPad ihre E-Mails und die Zeitung. Oder stürzen sich aufs Laufband. Die freie Zeit nutzen. Genießen, genießen, genießen. Dann sinkt der Puls, die Akklimatisierung ist geschafft. Die Gäste blinzeln in die Sonne, drehen sich ab und zu um, buddeln mit ihren Kindern und lassen sich zwischendurch ins Wasser fallen. Allenfalls ein paar kleinere Eigenheiten der Badegäste mögen hier und dort mit der Staatsbürgerschaft korrelieren. Die Spanier erscheinen erst zum Dinner, wenn das Restaurant längst verlassen liegt und das Personal gerade beginnen möchte, fürs Frühstück einzudecken. Wird das serviert, bestellen die Amerikaner Pfannkuchen mit Sirup, während die Italiener sich die Sonnenbrillen auf den Hinterkopf schieben und interessiert die eigentümlichen britischen Frühstücksgewohnheiten am Nachbartisch mit befremdetem Interesse beobachten, ganz so, als beobachteten sie exotische Insekten bei der Fortpflanzung.

»Wir sind Russen, uns kann nichts schockieren!«, ruft die Urlauberin aus Moskau, als besorgtes Personal sie vor dem Ausflug zum nächtlichen Angeln fragt, ob sie denn auch seefest sei. Das ausgelassene russische Paar lässt vom Ausflug auf die Robinson-Insel bis zur Dolphin Cruise keine Lustbarkeit aus. Er lacht freundlich aus schiefem Gesicht, und es wäre zu schön zu wissen, wo – und wie – er wohl sein beträchtliches Vermögen gemacht hat (und bei welcher Gelegenheit seine Nase ihre heutige Gestalt erhielt). Sie – schlank, schön, mit dick geflochtenem blonden Zopf – erzählt von der gemeinsamen Residenz in der Hauptstadt und dem Landhaus vor den Toren Moskaus, vom Leben in der Kapitale und der zehnjährigen Tochter, die sich daheim unter der Obhut der Nanny befindet. Seefest sind sie tatsächlich alle beide. Und schrecken kann dieses Paar auch nur wenig. Man sieht, diese beiden sind es gewohnt, jede Herausforderung anzupacken, die ihnen das Leben vor die Füße wirft. Trotzdem verfinstert sich seine Miene, als er an den verschiedenen Angelplätzen, an denen das Boot heute Abend ankert, immer wieder routiniert die Angelschnur auswirft – aber nichts anbeißt. Die Crew zieht derweil einen Snapper nach dem anderen aus dem Wasser. Die beiden zanken ein wenig, rauchen viel und werfen ihre Leinen aufs Neue aus. »Ich sage ja immer, dass es an mir liegen muss«, erklärt schließlich die schöne Russin. »Wohin wir auch reisen, mein Mann hat nie Glück beim Fischen.« Weilt die Familie aber in ihrem Landhaus, geht er alleine angeln und kommt stets mit einem Eimer voller Fische zurück. Er zuckt die Achseln, streift die Enttäuschung ab, beginnt mit dem Kapitän ein Gespräch. Die Snapper zucken zusammen und schwimmen schnell davon.

Auch Gäste aus anderen Teilen der Welt kennen keine Angst – und sind nicht selten gerade deshalb besonders gefürchtet. Urlauber aus China sind dafür bekannt, bei Schnorchelausflügen unerschrocken und in voller Ausrüstung ins Wasser zu springen. Allerdings können nicht alle von ihnen notwendigerweise auch schwimmen. Es ist vorgekommen, dass Menschen auf diese Weise ihr Leben verloren. Weil die Klientel aus dem Reich der Mitte jedes Jahr in sechsstelligen Zahlen auf die Inseln reist, liegen in manchen Resorts in den Zimmern einschlägige Warnungen in der Landessprache aus. Aus ihnen geht hervor, dass die Fähigkeit des Schwimmens im Wasser sowohl zur Fortbewegung als auch zum Fortbestand der Existenz unabdingbar ist.

Auch andere Urlauber zeigen sich angstfrei: die Amerikanerin etwa, die alleine mit vier Kleinkindern auf der Resort-Insel zurückbleibt, während ihr

Mann für die Woche zu dringenden Geschäften hinaus in die Welt eilt. »Bis Samstag!«, ruft er und springt mit leichtem Gepäck ins Wasserflugzeug. Viel leichter haben es da die jungen Paare, die außer ihrem Kind zu dessen Unterhaltung auch die eigenen Eltern dabei haben. Arabische Aristokraten und Magnaten reisen nicht selten in großen Familienverbänden auf die Malediven und mieten die Präsidentensuite mit knapp tausend Quadratmetern Innen- und Außenfläche oder doch wenigstens mehrere nebeneinander liegende Villen. Sie gelten als anspruchsvolle, aber unkomplizierte Gäste, die meistens kaum ihre Räume verlassen. Denn sie legen wenig Wert auf Wassersport und mieten aus Gründen der größeren persönlichen Unabhängigkeit und des größeren Komforts zur Villa auch gleich Koch und Butler. So entfallen mit dem lästigen Weg ins Restaurant auch mögliche neugierige Blicke anderer Gäste. Ein ähnliches Buchungsgebaren weisen auch Mitglieder europäischer Königshäuser auf – auch wenn die Entourage bei ihnen in der Regel nicht überwiegend aus Verwandten besteht.

Die Angehörigen dieser eher übersichtlichen Klientel eint ihre Scheu, erkannt oder auch nur beobachtet zu werden. Aus diesem Grund hüllt sich auch das Personal der Resorts für gewöhnlich in diskretes Schweigen, wenn es um besonders prominente Gäste geht. Ein ehrfürchtig geflüstertes »Der Herzog von York war hier!«, der Hinweis auf einen Fußballnationaltrainer aus Europa oder einen Filmstar aus Mumbai sind gelegentlich zu hören, Details hingegen nicht zu erfahren.

Ebenfalls unauffällig verhalten sich die Mitglieder des britischen Bürgertums. Seit Jahren schon zerteilt das Paar aus Südengland den Winter durch eine Malediivenreise vor und einen Skiurlaub in der Schweiz nach Weihnachten. Zum Fest selbst erfordern familiäre Verpflichtungen gegenüber vier Kindern und diversen Enkeln ihre Anwesenheit in der nasskalten Heimat. Sein mittelständisches Unternehmen, aus dem er sich unlängst zurückgezogen hat, erlaubt den beiden den Luxus der doppelten Winterflucht. Die erste Hälfte des Malediven-Urlaubs verbringen sie im Baa-, die zweite im Nord-Malé-Atoll. Sie plaudern, sie gehen eine Runde schnorcheln, sie liegen vor ihrer Villa am Strand. Sie sind der lebende Beweis für die These, dass die wahrhaft goldenen Jahre erst im siebten Lebensjahrzehnt beginnen. In der benachbarten Villa verbringt ein Paar aus Frankreich einen Urlaub, der – nach der Tiefe ihrer Bräune zu urteilen – schon länger andauern muss. Die beiden gehören ebenfalls der Generation derer an, die es bereits geschafft haben. Sie können es sich leisten, nicht erreichbar zu sein. Das Frühstück lässt sich das Paar aus Marseille täglich auf der Terrasse servieren. Später am Vormittag, als sie bereits einmal ins glasklare Wasser der Lagune getaucht sind und ihr erstes Sonnenbad genommen haben, bestellen sie eine Flasche Champagner: Was soll der Geiz. Das Leben ist kurz, und so jung wie heute liegen wir nie wieder im Schatten einer Palme.

Die Glückscocktailmixer

Vom Yogi bis zum Kräuterarzt: Erst die richtige Crew macht die Reise perfekt

Die Pionierin

Shaima sitzt in der Lobby und lächelt vergnügt. Mit ihrer dunklen Brille und dem langen, leuchtend türkisfarbenen Rock könnte sie auch ein Gast des Resorts sein. Tatsächlich aber arbeitet sie hier, in der Reservierungsabteilung. Das ist an sich nichts Ungewöhnliches. Doch die Vierundzwanzigjährige ist Malediverin, und die sind auf Resort-Inseln noch immer ein eher seltener Anblick. Zwar ist es heute normal, dass junge Frauen nach Malé gehen, um einen Beruf zu erlernen. In der Regel aber lassen sie sich zur Krankenschwester oder Lehrerin ausbilden – Berufe, die die Rückkehr auf die Heimatinsel ermöglichen.

Keine von Shaimas Jugendfreundinnen arbeitet in einem Resort. »Die meisten sind nach Malé gegangen. Einige sind Lehrerinnen geworden, aber ich habe auch Freundinnen, die in Reiseagenturen arbeiten oder in der Verwaltung.« Nur in einem Hotel ist keine Einzige tätig. Denn noch immer wirkt die jahrzehntewährende Trennung zwischen Einheimischen und Urlaubern. Da war es zwar normal, dass Männer auf Resort-Inseln Arbeit suchten und es allein durch die Trinkgelder zu einem gewissen Wohlstand brachten. Für Frauen aber waren die Hotelinseln voller hedonistisch gesinnter, halb nackter Ungläubiger definitiv kein geeigneter Aufenthaltsort.

Shaima stammt von der Insel Naifaroo im Lhaviyani-Atoll, wo man die Dinge ganz ähnlich beurteilte. »Dort war es noch vor Kurzem ungewöhnlich, dass ein Mädchen überhaupt arbeitet«, erklärt sie fröhlich. Entsprechend maßvoll geriet die Begeisterung ihrer Mutter, als sie von den beruflichen Plänen ihrer eben aus der Schule entlassenen Tochter erfuhr: Nicht nur arbeiten wollte sie, wie schon ihre drei älteren Schwestern, die auf Malé lebten; nein, sie strebte auch noch in den Tourismus. Ausgerechnet. Ihr Vater sah die Angelegenheit gelassener: »Er meinte, wenn du das wirklich machen möchtest, versuche es – solange du deine Grenzen kennst.«

Shaima trägt Sonnenbrille und Sterne als Ohrstecker. Einen Schleier trägt sie nicht. Im Resort genauso wenig wie bei ihren Besuchen auf ihrer zwei Bootsstunden entfernten Heimatinsel. »Es stimmt, heute tragen mehr Frauen Schleier als noch vor ein paar Jahren«, sagt sie. »Aber es liegt an jeder Frau, wie sie sich entscheidet.« Und sie schließt nicht aus, dass auch für sie irgendwann der Moment kommt, in dem sie sich verschleiert: »Das weiß ich, wenn es so weit ist.«

Zunächst galt es indessen herauszufinden, wie man im Tourismus Fuß fasst. »Ich hatte nur die ganz vage Vorstellung, dass ich gerne mit Menschen zu tun haben würde, auch mit solchen aus fremden Ländern.« Eine Freundin ihrer Tante hatte am Ausbildungsprogramm einer internationalen Hotelgruppe teilgenommen, das sich ausschließlich an Einheimische richtet. Und geschwärmt: Die Augen würden einem geöffnet, wenn man sehe, wie in solch einem Resort gearbeitet wird. Shaima bewarb sich zusammen mit neununddreißig weiteren Maledivern. Zwanzig von ihnen wurden genommen – sechs davon junge Frauen –, fünfzehn schlossen die Ausbildung ab.

Die Arbeit im Resort sollte ihr tatsächlich die Augen öffnen. Vor allem dafür, wie anspruchsvoll Urlauber sein können. »Ich hatte keine Ahnung, wie man mit internationalen Gästen umgeht«, erzählt sie. »Ich hatte keine Vorstellung davon, wie ungeheuer fordernd sie sind. Sie wollen, dass ihre Wünsche erfüllt werden. Und zwar sofort. Und genau so, wie sie es sagen.« Wer tausend Dollar pro Tag in sein Urlaubsglück investiert, zeigt wenig Neigung zu Diskussionen. Abgefedert wurde der Sprung ins kalte Wasser durch Gespräche und Beratungen mit dem Trainer und dem Mentor, die jedem Auszubildenden zur Seite gestellt werden. Dieses Team überprüft nicht nur die Fortschritte des Hotelnachwuchses, sondern hilft vor allem, Selbstvertrauen aufzubauen. Dennoch blieben nur zwei der Absolventinnen aus Shaima Alis Jahrgang in der Luxushotellerie. Die anderen vier kehrten auf ihre Heimatinseln zurück.

Shaima hat ihre Entscheidung nicht bereut. Als

der Tsunami Weihnachten 2004 ihren Arbeitsplatz zerstörte, wurde sie nach Singapur versetzt. Der Aufenthalt in dieser riesigen Stadt war eine spannende Erfahrung, sagt sie. Trotzdem kehrte sie der Hotellerie für zwei Jahre den Rücken, um wie ihre Geschwister – außer den drei älteren Schwestern hat sie noch drei Brüder – auf Malé zu arbeiten. Dann war ihr klar: »Es war einfach nichts für mich. Das Leben in der Stadt gefällt mir nicht. Außerdem hatte ich bei der Reiseagentur kaum Kontakt mit Gästen.« Also kehrte sie in ins Hotel zurück.

Heute kann sie sich gut vorstellen, noch einmal in einem anderen Resort der Gruppe zu arbeiten. Sogar ihre Mutter könnte sich mit dem Gedanken anfreunden. »Langsam ändert sich ihre Einstellung, wie sich die Meinung der Menschen insgesamt verändert«, erklärt Shaima. So arbeiten auch ihre Schwestern weiter, obwohl alle drei mittlerweile Kinder haben. »Es gab viel Misstrauen. Nun beginnen die Leute zu verstehen, dass ein Resort ein sicherer Ort zum Arbeiten ist.«

Der Kräuterarzt

Am siebten Chakra-Punkt an der Krone des Kopfes, dort, wo bei Babys die Fontanelle sitzt, kann das Bewusstsein erhöht und erweitert werden. »Dies ist der Punkt des Erkennens und der Erkenntnis«, erklärt Dr. Kannan. Dazu gehört scheinbar Banales wie die Fähigkeit zur Unterscheidung zwischen Vergänglichem und Dauerhaftem. Was in der Praxis bedeuten kann, dass man begreift, dass der Geschmack guten Essens nur die Zunge erreicht, wo er kurz verweilt. Nicht aber Hals oder Magen. Weshalb es eigentlich unnötig ist, schmackhafte Speisen in großen Mengen zu sich zu nehmen. Wer das begriffen habe, müsse sich über Übergewicht nicht mehr den Kopf zerbrechen. Dr. Kannan lächelt fein. Große Yogis wie Buddha oder Jesus Christus konnten natürlich noch wesentlich mehr aus der Fähigkeit machen, Vergängliches zu identifizieren, erläutert er. Sie wussten, dass Folter des Körpers möglich ist, die Zerstörung des Geistes indessen nicht.

Derlei philosophische Betrachtungen traut Dr. Kannan seinen Gästen in ihrem Fünf-Sterne-Plus-Urlaub durchaus zu. Und die Praxis sowieso, nämlich das Bewusstsein von der unteren Wirbelsäule aus zum obersten Chakra zu bringen. Gewiss, das erfordert Disziplin und Hingabe. Hilfe gibt es aber unterwegs, und zwar in Form von Kräutertees, Packungen, ayurvedischen Behandlungen und natürlich viel Yoga.

Dr. Kannan gebietet über fünfhundert Kräuter, die er in einem üppigen Garten züchtet. Die Küchenchefs haben hier nichts zu suchen. »Die haben ihren eigenen Kräutergarten«, erklärt der ayurvedische Arzt aus Kerala, dessen Hauptaufgabe es ist, die Gäste des Spas medizinisch zu beraten. In der traditionellen Medizin seiner Heimat, wohlgemerkt. Deshalb gehören zu seinem grünen Medikamentenkabinett Zitronengras, exotische Basilikumsorten und so nützliche Kräuter wie Bacopa monnieri. »Es fördert die Intelligenz von Kindern«, erklärt Dr. Kannan. Es wird mit geklärter Butter angereichert und vorzugsweise mit Kokosnuss-Chutney gemischt. So schmeckt es nicht bitter und wird auch von kleinen Kindern gerne gegessen.

Dr. Kannan hat ayurvedische Medizin nicht nur studiert, er lebt mit ihr seit seiner Kindheit. Er entstammt einer alten, im Süden Indiens ansässigen Mediziner-Dynastie. Sein Großonkel war eine Koryphäe auf dem Gebiet der Hasthy-Ayurveda – einer ayurvedischen Lehre, die sich auf die Behandlung von Elefanten konzentriert und auf einem gleichnamigen, in Sanskrit verfassten Buch basiert. Kannan studierte an der Universität von Kerala ayurvedische Medizin und ließ sich nebenbei zum Yoga-Lehrer ausbilden. Yoga ist hier ein Lebensstil, eine Philosophie. Deshalb achtet der Mediziner darauf, dass alle Therapeuten des Spas ihren Tag mit Yoga-Übungen beginnen – eine gute Vorbereitung nicht nur für den Tag, sondern auch für möglichst authentische ayurvedische Behandlungen. Die konzentrieren sich jeweils auf das Chakra des Gastes, das am dringendsten der Unterstützung bedarf. Welches das ist, ermittelt Dr. Kannan anhand eines Fragebogens und im Gespräch.

»Yoga verbessert den Menschen durch Rituale, Meditation und Übung«, erläutert er und rät den Gästen, auch nach den Ferien zumindest ein Viertelstündchen am Tag die Yoga-Matte auszurollen. Idealerweise sollte im Urlaub mindestens eine Woche der inneren Einkehr und Meditation gewidmet sein. »In den ersten drei Tagen können die Menschen erfahrungsgemäß nicht loslassen«, bemerkt Dr. Kannan. Auch dann bietet er Hilfe aus dem Kräutergarten – mittels eines Pflänzchens, das in der klassischen ayurvedischen Medizin unterstützend bei der Hypnose eingesetzt wird.

Seit zehn Jahren ist der indische Arzt auf den Malediven heimisch. Er liebt die Inseln nicht nur wegen ihrer reinen Luft, sondern auch wegen ihrer mentalen Nähe zu seiner Heimat im Süden des Subkontinents. Weil Malediver seit jeher nach Indien segelten, um Kokosnüsse und Thunfisch gegen Reis und Hühner zu tauschen, haben die traditionellen Heilverfahren beider Kulturen einander stark beeinflusst. Dass im 14. und 15. Jahrhundert arabische Handelsschiffe ihre medizinischen Lehren auf die Malediven mitbrachten, macht ihre traditionelle Medizin für ihn noch interessanter. »Vor allem auf den entlegenen Inseln werden indische und arabische Heilverfahren noch unverfälscht praktiziert.« Deshalb ist er selbst gelegentlich auf diesen Inseln unterwegs.

Der Yoga-Lehrer

Indische Umsteiger sind nicht selten auf den Resort-Inseln anzutreffen. Auch Yoga-Lehrer Rajanish, von Haus aus Apotheker, stammt aus Kerala. Seit seinem fünfzehnten Lebensjahr praktiziert er täglich Yoga. Irgendwann verließ ihn der Spaß an seinem erlernten Beruf, er sattelte um und ließ sich zum Yoga-Lehrer ausbilden. Nun schart er um sieben Uhr morgens, wenn das Licht noch silbrig ist und das Meer von der Sonne unbeschienen stahlblau unter hellem Himmel liegt, eine knappe Handvoll Urlauber zum Wasser-Yoga um sich. Wenn überhaupt. »Es ist für viele schwierig, sich morgens aus dem Bett zu quälen«, weiß er. Es macht ihm nichts. Er bittet die nach Erleuchtung strebenden Gäste in den Pool und legt los. Im Lotussitz nehmen sie auf den Stufen des Pools Platz und atmen drei Mal lange aus: »Ommmm.« »Im Wasser geht vieles leichter, da kämpfen wir nicht gegen die Schwerkraft«, sagt er. Dennoch: Wahres Yoga findet im Trockenen statt. Deshalb gibt er auch auf der Matte Unterricht, vor dem Frühstück oder zur magischen Stunde des Sonnenuntergangs (wenn andere Gäste schon glücklich über ihren Cocktails sitzen).

Fast das gesamte Resort bekehrte Rajanish zum Yoga, als er einen einwöchigen Workshop für die Kollegen anbot. »Ein paar habe ich verloren, wegen des frühen Aufstehens«, sagt er und lächelt. Er weiß, auch dies ist allzu menschlich. Die Arbeitstage sind lang, und die Übungseinheiten fürs Personal fanden bereits vor dem morgendlichen Wasser-Yoga der Gäste statt. Doch die große Mehrheit der Kollegen sinkt nun regelmäßig auf die Matte. Das Leben auf der kleinen Insel, auf der die Angestellten aus Platz- wie aus Zeitgründen extrem wenig Privatsphäre haben, dafür aber besonders anstrengende Jobs, lieferte viele gute Argumente für Entspannung durch Yoga.

Die Gäste wollen die Gelegenheit nutzen, ihren geistigen Zustand in Einklang mit der beruhigenden Schönheit der Landschaft ringsum zu bringen. Man könnte ja auch annehmen, dass der Ausblick von dem überdachten, an zwei Seiten offenen Pavillon, der auf Stelzen über dem Wasser thront, Inspiration genug ist für einen schwerelosen Sonnengruß. Doch dies ist nicht der Fall: Auf Gelenkigkeit und Elastizität des Einzelnen wirkt sich auch der herrlichste Blick auf den Indischen Ozean nicht aus. Hinzu kommt, dass Rajanish den Gästen nichts schenkt. »And stretch – as far as«, sagt er immer wieder mit ruhiger, bestimmter Stimme. Das »possible« spart er sich. Jeder weiß: So weit es geht, muss der Fuß in die Luft, das Bein hinter den Kopf, das Knie auf den Boden. Wer es nicht weiß, dem zeigt er es und drückt sanft eine widerspenstige Schulter zu Boden. Ächzt der Gast nun vernehmlich, hört er ein ermunterndes »You can do it.« Längst ist klar: Rajanish hat sich nicht auf ein maledivisches Paradiesinselchen zurückgezogen, um sich oder anderen das Leben leicht zu machen. Eigentlich wiederhole man den Sonnengruß hundertacht Mal, erklärt er mir, als ich bereits nach dem achten zu transpirieren beginne. Noch bevor ich mich erkundigen kann: »Im Jahr?«, fällt mir eine klügere Frage ein: »Aber so schnell?« – »Das ist nicht schnell«, sagt Rajanish, an dessen Schläfe nicht ein Tröpfchen Schweiß perlt, wiewohl er keine Übung auslässt. »Das ist der Rhythmus des Atems. Einfach atmen, ruhig und gleichmäßig. Dann sind Sie mit allem im Reinen.«

Tanya saust mit dem weißen Elektrowägelchen umher und transportiert Gäste. Vor allem russische Gäste. Tanya stammt aus der Ukraine und gehört daher zu dem relativ übersichtlichen Kreis von Hotelfachkräften, zu deren umfangreichen Sprachkenntnissen auch perfektes Russisch gehört. Zwar sprechen die russischen Gäste nicht schlechter Englisch als andere, doch freuen sie sich besonders, in ihrer Muttersprache begrüßt und unterhalten zu werden. Und auch Tanya liebt ihren Job. Der Fünfundzwanzigjährigen wurde es nicht an ihrer Wiege gesungen, dass sie einstmals ein Tropenparadies ihr Zuhause nennen würde – wiewohl mit dem Begriff »Zuhause« in der Tourismusindustrie nicht notwendigerweise eine lange Verweildauer am aktuellen Ort einhergeht. Denn ihre Wiege stand in Kiew, und es war das Jahr, in dem die Ukraine mit einer atomaren Katastrophe in der ganzen Welt die Schlagzeilen beherrschte.

Seitdem hat Tanya mehrere Kontinente durchmessen. Hotelkarrieren führen nicht nur weit herum, sondern auch schnell. Vor allem, wenn man sprachgewandt ist. Ein Jahr als Au-Pair-Mädchen in München brachte Tanya neben einem leichten Kulturschock solide Deutschkenntnisse ein. Später studierte sie auf Zypern Tourismusmanagement, bevor sie in großen Hotels auf der Mittelmeerinsel und im ägyptischen Sharm-El-Sheik arbeitete. In Ägypten wackelte mal die Erde kräftig, mal blieben die Urlauber nach Anschlägen weg – es war eine ebenso faszinierende wie beunruhigende Welt.

Seit eineinhalb Jahren lebt die junge Frau auf einer Miniatur-Insel mitten im Indischen Ozean, etwa so weit weg von ihrer Geburtsstadt, wie man nur sein kann. »Es ist wieder etwas komplett anderes«, sagt sie. »Ganz anders als Sharm-El-Sheik. Im Vergleich dazu ist es hier unfassbar ruhig.« Das Bild des weißen, menschenleeren Strandes am frühen Morgen hat für Tanya auch nach mehr als einem Jahr nichts von seinem Zauber eingebüßt: »Ich kann nicht anders, wenn ich das sehe, muss ich es immer wieder aufs Neue fotografieren.« Auch wenn sie Freunde und Familie in der Heimat regelmäßig besucht, fällt ihr nun als Erstes Singapur ein, wenn sie an ihr nächstes freies Wochenende denkt – und Asien, wenn sie ihre nächste Urlaubsreise plant.

»Man lernt so viele Menschen aus der ganzen Welt kennen, wenn man im Hotel arbeitet, das ist für mich ein Vorteil dieses Berufs, der mit nichts aufzuwiegen ist«, sagt sie. Und weil sie weiß, dass Ortswechsel meist die einzige Konstante in einer Hotellaufbahn bedeuten, genießt sie jeden Morgen, an dem ihre Fußspuren die Ersten im weißen Sand ihrer Insel sind.

Das Glück der Schildkröte

Nur zur Ablage ihrer Eier wagen sich Meeresschildkröten an Land. Trotzdem leben sie gefährlich

Rechts liegt das Riff drei Meter unter der Wasseroberfläche, unter uns fällt es etwa zehn Meter tief ab. Wir lassen uns am Riffrand entlangtreiben. Die Sicht ist so klar wie ein Blick durch blank polierte Fenster. Um uns ist das Wasser voller Farben: Schwarz-weiß-gelbe Halfterfische mit spitzen Kussmündern, gelb-schwarze Mondsichel-Falterfische, die strahlend blauen Weißkehldoktorfische mit der gelben Rückenflosse, grün-gelb-blaue Papageienfische und der kleine, orangefarben-weiße maledivische Clownfisch. Die Tiere schwimmen auf uns zu, schauen uns an und verschwinden wieder. Auf dem Riff liegen Seegurken. Es ist wie ein Film, der ewig weitergehen könnte. Da winkt der Guide uns hinter den Rand des Riffs, legt beide Hände übereinander, um einen Schildkrötenpanzer anzudeuten, und zeigt vor sich: Eine Grüne Meeresschildkröte schwimmt zügig ihrer Wege, keine zehn Meter von uns entfernt. »Glück gehabt«, sagt er später an Bord. »Ich habe schon länger keine Schildkröte mehr gesehen.« Ob ihn das beunruhige? Nein, meint er. So oft sehe man die Tiere einfach nicht, und sie bewegten sich mit der Strömung: »Reine Glückssache.«

Dafür sehen die Gäste sie gelegentlich in Erste-Hilfe-Stationen der Resorts für Meeresschildkröten. Bedarf gibt es reichlich: Schildkröten verfangen sich in Fischernetzen und Angelleinen, werden durch Schiffsschrauben verletzt oder verschlucken Plastiktüten. Auf dem Wasser schwimmende Tüten sehen aus der Perspektive einer Schildkröte Quallen täuschend ähnlich – und stellen so eine zumeist tödliche Falle dar. Weil die Unfälle der Tiere fast immer vom Menschen verursacht sind, ist die Verhaltensschulung von Besuchern und Bewohnern der Malediven wichtiger noch als die Versorgung kranker oder verletzter Schildkröten, der einige Resorts sich nebenbei verschrieben haben. Denn Angler, Bootskapitäne und die Entsorgung von Müll durch den Menschen sind nach wie vor ihre größten Feinde – nicht nur für einzelne Tiere, sondern für ganze Arten. Auf den Malediven kommt noch eine andere Gefahr hinzu: Sie werden hier, wiewohl dies verboten ist, noch immer gegessen. Besonders beliebt sind die Grünen Meeresschildkröten, die wie die anderen vier auf den Malediven vorkommenden Arten vom Aussterben bedroht sind. Grund dafür ist nicht Ignoranz oder Desinteresse der Menschen, sondern ihr Eiweißbedarf. Trotz Importen gibt es nur wenig Fleisch auf den Inseln, und – je nach Wetter – tatsächlich bisweilen auch wenig Fisch.

Zwar ist es verboten, Schildkröten zu fangen und zu töten – nicht nur durch maledivisches Recht, sondern schon aufgrund des Washingtoner Artenschutzabkommens. Ziel war und ist dabei, dem insbesondere in Asien florierenden Handel mit Schildpatt und Schildkrötenfleisch ein Ende zu machen. Der wird durch das Schutzabkommen wohl erschwert; dem Schwarzmarkthandel ist indessen kaum beizukommen.

Zu den zahlreichen Nesträubern, die sich für Schildkröteneier interessieren, gehört auch der Mensch. Auf den Resort-Inseln droht diese Gefahr weniger. Kaum haben dort Schildkröten ihre Eier vergraben, wird auch schon ein schützender Zaun um das Gelege gezogen. Sind die Wege der Tiere bekannt, werden nicht selten ganze Strandabschnitte abgesperrt. Dennoch geht es auf diesen Inseln häufig unruhiger zu, als Schildkröten das schätzen. Denn außer zum Legen und Vergraben ihrer Eier halten sie sich ausschließlich im Ozean auf; nur zum Atmen tauchen sie an die Wasseroberfläche. Urlauber flanieren auch nachts am Strand, wenn die weiblichen Tiere zur Eiablage an Land kommen. Die Schildkröten kehren dazu an den Strand zurück, an dem sie selbst geschlüpft sind (und an dem sich zu diesem Zeitpunkt womöglich noch kein Hotel breitgemacht hatte). Künstliches Licht irritiert die Tiere zusätzlich auf dem Rückweg ins Meer, wobei sie sich nach dem Licht des Mondes orientieren. Sind mehrere Lichtquellen vorhanden, kann es passieren, dass sie nicht zurückfinden.

Zwei Rufiyaa bekommt ein Fischer auf dem Schwarzmarkt für ein Schildkrötenei, das entspricht etwa fünfzehn US-Cent. Neben der Aufklärung der Bevölkerung ist es daher vor allem sinnvoll, Anreize dafür zu schaffen, Schildkröten zu schonen. Dies muss nicht teuer sein, vor allem, wenn Gäste Patenschaften für Tiere übernehmen. In einzelnen Projekten werden Fischer zunächst für die bedrohte Lage der Tiere sensibilisiert. Dann bietet man ihnen eine Prämie für jede junge Schildkröte auf ihren Heimat- und Picknickinseln, die nachweislich das Meer erreicht. Zur Kontrolle können die Tiere mit Sendern ausgestattet werden, was außerdem Aufschluss über ihre Bewegungen und Lebensgewohnheiten gibt.

Ob sich die Meeresschildkröten retten lassen, ist trotz solcher Bemühungen ungewiss. Zu vielfältig sind die Gefahren, denen sie ausgesetzt sind, zu weit hat der Mensch in das komplexe Netz gegenseitiger Abhängigkeiten eingegriffen. Die Meere sind überfischt, die Lebensgrundlagen zahlreicher Arten angegriffen oder zerstört. Dass Urlauber sich für die Malediven interessieren, ist da einmal mehr Fluch und Segen. Zwar bedeuten Touristen Hotels, Beton, Boote und Plastikmüll. Legen sie aber Wert auf eine relativ intakte Natur und sind sie womöglich sogar bereit, Geld dafür auszugeben, können sie etwas für den Artenschutz tun. Dank ihrer scheinbaren Unzerstörbarkeit, die in krassem Gegensatz steht zu einem harmlosen Wesen und ihrer tatsächlichen Gefährdung, gehören Meeresschildkröten zu jenen Tieren, die Menschen besonders faszinieren. Wer als Stofftier vermarktet wird, hat es bei den gefährlichen Zweibeinern leichter als eine Korallenart, die nur Meeresbiologen kennen. Das könnte das Glück der Schildkröten sein.

Und wer bringt den Müll weg?

Spuren im Paradies: Wohin der Mensch auch geht, leere Plastikflaschen sind schon da. Und sie bilden nur die Spitze des Abfallbergs

Das kleine Motorboot fährt langsam auf die unbewohnte Insel zu, bis es im flachen Wasser auf Sand läuft. Zu beiden Seiten erstreckt sich blendend weiß der Strand. Wir springen hinaus. Das Wasser, das unsere Füße umspielt, ist warm und kristallklar. Die Mitte des Inselstreifens ist grün von Kokospalmen und Würgefeigen. Die Crew deckt im Schatten einer Picknicklaube den Mittagstisch, während wir ins Wasser tauchen und unsere Robinson-Insel erkunden. Wir schlendern durchs seichte Wasser den Strand entlang. Als schmale weiße Sandbank verschwindet sie im Meer, von beiden Seiten umspült von kleinen, plätschernden Wellen. Schwärme von Möwen baden und tauchen im flachen Wasser nach Fischen. Als wir die Inselspitze erreichen, flattern sie davon. Gewiss bieten wir einen grotesken Anblick: Wir sind beladen mit leeren Plastikflaschen. Also gehen wir zurück zum Picknickplatz und laden sie vor dem bereits bis zum Rand gefüllten Mülleimer ab.

Noch einmal ziehen wir los, um kleine und große Flaschen einzusammeln. Unser Treiben lässt sich nur in Teilen mit dem zwanghaften Verhalten von Leuten erklären, die in ihren heimischen Küchen getrennte Sammelbehälter für Papier, Glas, Verpackungen, Kompost, Restmüll und alte Batterien unterzubringen und korrekt zu befüllen gelernt haben; auch ist es nicht alleine einem gängigen Vorurteil geschuldet, demzufolge für Deutsche bereits der Anblick einiger Schnipsel oder Krümel auf dem Boden völligen Kontrollverlust bedeuten kann. Sie ist vor allem durch den verstörenden Missklang motiviert, den das Strandgut auf diesem himmlischen Flecken im leuchtenden Ozean erzeugt. Wenn sich unsere Begleiter über unser Tun wundern, lassen sie es sich jedenfalls nicht anmerken. Die Crew sammelt mit uns, und bald haben wir einen prachtvollen kleinen Plastikberg vor dem Abfalleimer aufgeschichtet. Wir schlagen vor, ihn ins Resort mitzunehmen. Allerdings wäre unser Motorboot dann auch schon zur Hälfte gefüllt. Der Kapitän winkt ab. Gar nicht nötig, sagt er. Morgen kommt das Müllboot. Jeden Donnerstag klappert es neben den bewohnten auch die Picknickinseln ab. Dass sich trotz wöchentlichen Entsorgungsdiensts so viel ansammle, liege nicht an den Tagesgästen. Die Strömung bringt die Müllberge auf die Insel. Die Flaschen stammen von Booten und Inseln – oder vielmehr von den Menschen, die sie sorglos dem Meer überlassen.

Überhaupt sind die Menschen ein Problem. Die Malediven besitzen Strände, die zu den schönsten der Welt zählen. Vielleicht sind sie sogar die allerschönsten. Es gibt innerhalb ihrer Staatsgrenzen das klarste Wasser, die romantischsten einsamen Inseln und einige der besten Schnorchel- und Tauchgründe, die auf dem Planeten zu finden sind. Doch besitzen die Malediven einen weiteren, von Menschen gemachten Superlativ: Thilafushi, die größte Müllinsel der Welt. Hinter dem poetischen Klang verbirgt sich eine Insel, die seit Beginn der neunziger Jahre aufgeschüttet wurde und knapp zwei Kilometer lang und siebenhundertfünfzig Meter breit ist. Allerdings wird sie durch die anlandenden Müllberge jeden Tag ein bisschen größer, wiewohl das Feuer brennenden Mülls unablässig schwelt. Dreihundertfünfzig Tonnen Müll werden täglich aus Malé herangeschafft. Konzipiert wurde die Insel als externe Müllhalde für die Hauptstadt, die auch ihr Gefängnis aus Platzgründen auf die weiter südlich gelegene Insel Maafushi ausgelagert hat. Gegründet ist Thilafushi ebenfalls auf Abfall, der mit Bauschutt in der Lagune aufgeschüttet wurde.

Die Hauptstadt Malé ist mit ihrer extrem dichten Bevölkerung der größte Müllproduzent des Landes. Doch auch die kleinen Dörfer im Meer verursachen Abfälle – um von den Resort-Inseln gar nicht zu reden. Schon aufgrund der geografischen Gegebenheiten ist es auf den Malediven weniger leicht als in europäischen Kommunen, den Müll loszuwerden. Die sechsundzwanzig Atolle liegen weit auseinander, ein regulärer Entsorgungsdienst wäre mit hohen Kosten und beträchtlichem logistischen Aufwand verbunden. Immerhin gibt es bislang noch nicht einmal einen regelmäßigen Fährdienst für Personen.

In den meisten Hotels werden recycelbare Abfälle gesammelt und per Schiff nach Thilafushi gebracht. Von dort sollen sie per Schiff zum Recyceln nach Indien transportiert werden. Auch im Addu-Atoll gibt es für diesen Zweck eine Mülltrennungsanlage. Wie oft (und ob) dies tatsächlich geschieht, ist unklar. Allerdings ist Besserung angekündigt, die Müllinsel soll demnächst Verbrennungsanlagen erhalten.

Für alle anderen Abfälle gibt es jenseits der Hauptstadt Malé in aller Regel die beiden Wege, derer sich auch Einheimische, insbesondere auf entlegenen Inseln, bedienen: Ein Teil wird vergraben, ein Teil verbrannt, ein Teil des nicht wiederverwertbaren Mülls ebenfalls nach Thilafushi verschifft. Fürs unterirdische Entsorgen nutzt man unbewohnte Inseln in der Nachbarschaft. Einen Platz, auf dem Müll verbrannt wird, besitzen die meisten bewohnten Inseln. Die Rauchwolken, die gelegentlich über dichten grünen Palmenhainen aufsteigen, sind deshalb in aller Regel nicht die Spuren geselliger Lagerfeuer. Unbehaglich ist auch die Vorstellung, dass sich auf der paradiesischen Picknickinsel am Horizont nicht allzu tief unter dem puderweißen Sand langlebige Spuren der Zivilisation befinden können. Und dennoch ist es so. Die Versuche der Resorts, sich in umwelterhaltenden Maßnahmen zu üben oder einander sogar werbewirksam zu übertreffen, drehen sich eher um den Erhalt von Flora und Fauna als um Entsorgungsfragen. Zwar gibt es Hotels, die Wasser in Glasflaschen ausschenken, die auf der Insel gereinigt und wieder mit Trinkwasser befüllt werden. Dem gegenüber stehen deutlich mehr Resorts, die dem Durst ihrer Gäste mit Plastikflaschen begegnen. Nicht selten sind sie gefüllt mit Quellwasser aus Frankreich. Und auch auf den Inseln der Malediver ist die Plastikflasche überaus beliebt.

Einige Probleme sind womöglich noch gravierender als die Plastikflaschen, die uns alle überleben werden. Das Dieselöl der ungezählten maledivischen Boote zum Beispiel. Zwar gibt es auf Thilafushi die Möglichkeit, Altöl separat zu entsorgen. Aber vielerorts verschwindet es einfach im Meer.